今よりもっと生きやすくなる10の道しるべ

著者
デボラ・アデル

企画・翻訳
中澤 甘菜

謝 辞

この10の教えを私の人生に与えてくださった
ヨギラジ・アチャラと、
この教えの探求から利益を受けてほしいと私が願う
全ての意識ある存在に、本書を捧げます。

各章の初めに、美しい詩を提供してくれた
キャサリン・ラーセンに感謝します。

本書は、Deborah Adele 著
「The Yamas & Niyamas: Exploring Yoga's Ethical Practice」の
英語版からの翻訳です。
Copyright © 2009 by Debora Adele

Cover image: designed by rawpixel.com on Freepik
Photosani, under license of Shutterstock.com
Banana Republic images, under license of Shutterstock.com
Hal_P, under license of Shutterstock.com

あなたが自分の人生を生きることに、
より熟練した存在となるように、心から祈っています。
新しい可能性と計り知れない喜びが、
日々あなたを待ち受けていますように。

デボラ・アデル

日々の生活の中であなたにも
きっと「気づき」をもたらすヤマ・ニヤマ

　かつて私は、友人や仕事仲間によくおせっかいをやき、自分
の行為に感謝されないと、すぐに気を落としたり、へそを曲げた
りしていました。ですが、本書に出会ってからは、そのような状
況は減り、眉間のシワを増やすことなく、楽しい毎日を送ること
ができています。

　本書では、パタンジャリが『ヨーガ・スートラ』というヨガの経
典にわずか1文で書き記した教えを、1章を使って深く掘り下
げて解説しています。そして、『ベスト・キッド』や『燃えよ！
カンフー』といった映画やテレビ番組でのワンシーンから子育
てや孫との旅行まで、私たちに身近な例をふんだんに使いなが
ら、十数世紀前に書かれた「ヤマ・ニヤマ」がどう現代の生活
にあてはまるかを、わかりやすく解説しています。さらに各章
末には、教えを探求するための1か月間の練習方法が提案さ
れています。

今回、新装版として発行される本書は2009年に米国で原書が発売されて以降、8カ国語に訳され、世界中で広く読まれています。なぜこれほど世界で支持されているのでしょうか。その理由は、この本で紹介されている「ヤマ・ニヤマ」の教えが現代のストレス社会に対する中和剤になるからだと私は考えています。

　デボラ・アデル氏はヤマ・ニヤマの教えを「宝石」と呼びます。この10の宝石が私の毎日をあかるく照らし、人生を豊かにしてくれたように、読者の皆さんの日々を照らし、喜びをもたらす存在になれば嬉しいです。

企画・翻訳　**中澤 甘菜**

序 文

　私のデスクには、ペンや鉛筆が入ったお気に入りのマグカップが一つ置いてあります。兄弟が何年も前にプレゼントしてくれた物ですが、それを見るたびにニヤリとしてしまいます。

　そのマグカップにはこう書かれています。

　　　今日の目標：
　　　1. 腕を組まない
　　　2. デンタルフロスを使う

　このマグカップの話を出したのにはもちろん理由があります。このマグカップは、理想とする生活とそれを得るために必要な行動に意識を向けさせてくれるのはもちろん、「ヤマ・ニヤマ」の本質についても語っているからです。「ヤマ・ニヤマ」の10の教えは、人間の可能性と、1日の中で何度も迫られる意思決定をつつがなく行うための実践的な教えを説いています。

　私たちは皆、良い生活を送りたいと日々願っています。良い1日とは、1日の終わりにどれだけたくさんの物を持っているかではなく、様々な出来事が起こる1日をどれだけ丁寧に過ごせたかで決まります。日常、そして非日常的な出来事が起こるなかで、どのくらいその瞬間に在ることができたか。それはすなわち、夜、枕の上に頭をのせたときに、喜びや満足を感じるか。それとも、怒りや苦しみ、無力感、挫折感、失望、不平不満を感じるかです。

　人間として生きるのは容易なことではありません。私たちは矛盾だらけの世の中で、常に選択を迫られています。そして、社会とい

う枠組みの中で、自分の人生をうまく舵取りしていかなければなりません。私たちの本質は、肉体の中にとどまる魂です。限界がある肉体を駆使して、無限な夢を追いかけて生きています。それは、躊躇や困惑の連続。10の教えが、真の自分を見つけ、いままで想像すらしなかった豊かで満ち足りた人生を送る手助けをしてくれます。そのためには、いくつかのスキルを身につけ、日々の生活の中に「気づき」を持つだけです。

　ただ、そう簡単にはいきません。人生にはアップダウンがあり、そうでなくてもいろんな声が「ああするべき、こうするべき」と要望を押しつけてきます。もうやらないと自分に誓ったことをついついやってしまう。子供やパートナーについ怒鳴ってしまい後悔する。好きでもない仕事をして乾いた毎日を送っている。チョコレートを大食いして、自己嫌悪に陥る。こんな中でどうやって人生の舵取りをするというのでしょう。

　自分の態度、意見、行動を取捨選択するスキルを身につけることは、人生最大の挑戦になるかもしれません。映画『ラスト・ホリデイ』で、主人公ジョージアは、余命3週間と宣告されてはじめて、自分が描いていた人生を実現しようと動き出します。敷かれたレールの上を歩くような臆病な女性だったジョージアは、やりたいことをやる大胆な女性へと大変身するのです。

　自分を変えるために、必ずしも死の宣告が必要というわけではありません。たったいま、自分の人生の舵を取るために、大変身を始めることができます。そして、ヨガの10の教え「ヤマ・ニヤマ」がこの挑戦をサポートしてくれます。人生に起こる乱気流や人間ドラマはずっと少なくなることでしょう。

　ヤマ・ニヤマで説くスキルを身につけて人生を送ることができれば、人生は喜びに溢れたものになります。その喜びは、物事がうま

くいっているときだけ良くて、そうではないときはすぐに消えてしまう
ような性質のものではありません。どんなトラブルが起ころうとも
自分の人生をコントロールできているという感覚から沸き起こる喜
び。何が起こっても大丈夫という安定感。無理して解決しなけれ
ばならない問題などなく、ただそこにある毎日を生きる喜び。あな
たの選択次第で、それを手に入れることができるのです。

目 次

日々の生活の中であなたにもきっと「気づき」をもたらす

ヤマ・ニヤマ..4

序文..6

ヤマ・ニヤマとは..13

1つ目の宝石
アヒムサ（非暴力）..19

勇気を見つける..21

バランスを保つ..23

無力感の対処法..26

自分を愛する..28

他人への暴力..31

思いやりの心を広げる..35

探究のための問い..39

2つ目の宝石
サティア（不嘘）..41

いい人ではなくリアルな人になる..43

自分を表現する v.s. 自分を甘やかす..44

何かに属する v.s. 成長する..46

最初から正しく行う..48

真実はいつも同じではない..50

真実の重さ..52

真実の力..54

探究のための問い..55

3つ目の宝石
アスティヤ（不盗） 57

他人から盗む 59
地球から盗む 60
未来から盗む 62
自分自身から盗む 64
意識の向け先を変える 65
能力を高める 66
探究のための問い 71

4つ目の宝石
ブラフマチャリヤ（不過度） 73

不過度−怠け心の制御 75
神と歩く 79
探究のための問い 85

5つ目の宝石
アパリグラハ（不貪） 87

呼吸に教わる 89
空中でとどまる 90
バナナを諦めろ！ 91
所有するものに所有される私たち 93
バッグをいくつ持っていくの？ 94
気にするべき？ 96
探究のための問い 98

ヤマのまとめ 100

10

6つ目の宝石
ソウチャ（清浄） 103

浄化して純粋になる 105
関係に純粋である 108
自分の破片を集める 110
探究のための問い 114

7つ目の宝石
サントーシャ（知足） 117

準備だけは万端 119
喜びと逃避 120
心の乱れは自分の責任 122
感謝 125
軸を持つ 127
追いかけない 127
探究のための問い 130

8つ目の宝石
タパス（自己鍛錬） 133

日々の練習とタパス 137
しがみつく力とタパス 139
タパスを選ぶ 142
探究のための問い 144

9つ目の宝石

スワディヤーヤ（自我の探究）...... 147

投影 150

過去をたどる 151

怖がらずに見る 154

エゴの役割 156

傍観者の力 158

探究のための問い 161

最後の宝石

イシュワラ・パラニダーナ（降伏）...... 163

手放す 166

つながる 167

受け入れる 170

献身 171

探究のための問い 173

ニヤマのまとめ 175

これから 177

付録 180

著者について 183

ヤマ・ニヤマとは

　「ヤマ・ニヤマ」は、ヨガにおける考え方の基本です。ただポーズを取ることだけがヨガではありません。ヨガは、洗練されたシステム、まさに、生き方そのものといってよいでしょう。自分の体だけではなく、自分の思考にも「気づき」を持つようにヨガは体系づけられています。その教えはとても実践的で、自分の体験を段階的に少しずつ理解し、そしてまた次の体験へと導かれるようにできています。ヨガの教えは、現在の自分の位置と次の目印を示す地図のようなものです。自分の人生の主導権をしっかりと握り、理想を現実化させる手助けをしてくれます。

　「ヤマ・ニヤマ」は、指針、教義、道徳論、教訓、抑制、しきたりなどと解釈されますが、私は「宝石」と考えています。智慧というたぐいまれな宝石は、私たちを充実感と喜びに溢れた人生へと導いてくれます。ヨガ哲学においてこの宝石は、「8支則*」の初めの2支則に書かれています。

　まず、サンスクリット語で「制限」を意味する「**ヤマ**」は、非暴力（アヒムサ）、不嘘（サティア）、不盗（アスティヤ）、不過度（ブラフマチャリヤ）、そして不貪（アパリグラハ）の5つの宝石です。そして、サンスクリット語で「観察」を意味する「**ニヤマ**」は、清浄（ソウ

---

*8支則またはアシュタンガヨガは、パタンジャリの『ヨーガ・スートラ』を原典としています。様々なスタイルのヨガに共通する真義を問いかけたパタンジャリが、全てのヨガの基本となる教義を編纂したのが『ヨーガ・スートラ』です。英語の「スーチャア（suture、縫合）」の語源はこの「スートラ」で、バラバラになった体のパーツを縫い合わせるといった医学的な意味合いは、人生を縫い合わせることに共通するように思えます。今日、『ヨーガ・スートラ』は、古典ヨガの基本となっています。8支則の残りの6支則は、アサナ（体位）、プラーナーヤーマ（調気）、プラティヤーハーラ（制感）、ダーラナ（凝念）、ディヤーナ（瞑想）、そしてサマーディ（統一体）です。

13

チャ)、知足(サントーシャ)、自己鍛錬(タパス)、自我の探究(スワディヤーヤ)、降伏(イシュワラ・パラニダーナ)という5つの宝石です。

　道徳論というと、実践するのが難しすぎたり、「こうしなければ」というルールに縛られたりするイメージがあるかもしれませんが、ヨガの教えは、私たちの生活を制限するものではありません。むしろ私たちの可能性を広げてくれるものです。10のヨガの教えは、それぞれを学ぶことで、一つひとつをより深く理解でき、実践できるように構成されています。

　1つ目の宝石、【非暴力】とは、自分を苦しめたり、自分自身を拡大解釈したりすることなく、他人や自分自身と良い関係を持つことです。他人や自分自身を傷つけることなく共存し、物事を共有し、かつ自分のやりたいことをやる方法をこの教えは示しています。

　非暴力は、ほかの教えの基礎となり、またほかの教えは、非暴力の教えを補強し、肉付けしていきます。

　2つ目の宝石、【不嘘】は、嘘をつかないということです。不嘘を実践していくことにより、真の自分を表現できるようになります。不嘘は、非暴力とセットで活躍します。「不嘘」は「非暴力」が弱虫な責任逃れになることを防ぎ、「非暴力」は「不嘘」が、残酷な武器になることを防ぎます。2つの教えを同時に実践することで、他人を傷つけずに真実を語ることができ、深く豊かな愛を生みだすことができます。2つの教えに不調和や混乱が生じるときは、非暴力が不嘘に優先されます。最も大切なことは、傷つけないことです。

　3つ目の宝石、【不盗】は、本来自分のものではないものを盗まないことです。自分自身や自分の人生に不満を抱えていると、外側に意識が向きやすくなり、本来は自分のものじゃないものを盗んでしまうことがあります。地球から、他人から、そして自分自身から

の盗み。私たちは、描くままの自分へ成長できるチャンスも、自ら盗んでしまうのです。この教えは、自分の外に満足を探してしまう私たちの癖を諫めます。そして、欲しいものを盗む代わりに、欲しいものに見合う人物になれるよう努力することを勧めます。

4つ目の宝石、【不過度】は、不節制をせずに生きることです。貞潔や禁欲と解釈されることが多いですが、貞潔は、「不過度」に含まれる一つの解釈でしかなく、言葉通りには「神と歩く」という意味を持ちます。この教えは、あらゆる行動に気づきを持ち、いまという瞬間に注意を向けることで、生きることの神秘（神）を感じることを勧めます。そうすることで、不節制をせずに、いまあるものに感謝しながら生きられるようになります。「不盗」の練習をしていくうちに、自然と「不過度」の練習をしていくことになるでしょう。

最後のヤマの教えである5つ目の宝石、【不貪】は、貪らない、つまり手放すことです。人や物にしがみつくと、重たく失望で溢れた人生になります。この教えは、私たちを欲望から解放してくれます。この教えが実践できるようになれば、自由に向かって進むことができ、生活にも広がりと新鮮さが出てくることでしょう。

以上の5つの宝石を実践できるようになると、時間に余裕ができ、息をするスペースの広がりを感じることでしょう。毎日の生活が、軽く、いままでより簡単に感じられます。仕事がいままでより楽しくなり、周りとの関係がいくらかスムーズになります。また、自分のこともいままでより好きになり、足取りが軽やかになり、いままで思っていたより少ないもので満足できるようになり、日々が楽しくなるでしょう。そして、次の5つの宝石、「ニヤマ」の学習は、さらに繊細に私たちに作用し、自分の聖域をつくる手助けをしてくれます。

6つ目の宝石、【清浄】は、体、態度、そして行動の浄化を私たちに勧めます。浄化することで、欲しいものを取り入れる空間を作り

出します。そして、いまという瞬間にも純粋であることを勧めます。この教えは、他人、物事、そして自分自身との関係を整理し、最良の状態にします。

7つ目の宝石、【知足】は、いまという瞬間にあるものを受け入れ、感謝することです。満足は、探して見つかるものではありません。逆に、満足感を得るために取る行動は、私たちの充足感や心の安定を崩しかねません。その瞬間にある物事に感謝し、それをあるがままに受け入れ、満足感を「探し求めない」ことで、「知足」がやがて私たちを見つけてくれます。

8つ目の宝石、【自己鍛錬】は、自分を高めるためにトレーニングを積むことです。言葉通りには「熱」を意味し、危機がもたらす浄化（カタルシス）や禁欲生活とも解釈されますが、「自己鍛錬」は、私たちに変化を起こさせるもの全てです。物事が思うように進んでいる間は、いい人でいるのは簡単です。ですが、ある日不幸な出来事が起こったらどうでしょう。それでもいい人でいられるでしょうか。この教えは、私たちの打たれ強さを鍛え、私たちをより深みのある人間へと変革してくれます。

9つ目の宝石、【自我の探究】は、自分自身を知ることです。自分にモチベーションを与えるものは何か、自分を形成しているものは何か、と自問していくことで、自分が生きる意味を見つけ出します。また、自分は自分自身にどんなことを言い聞かせているのかを見つめ直します。なぜなら、その言い聞かせている話が、現実になるからです。この教えは、自分のエゴが生みだす誤った自己認識や自分への過小評価を改め、真の自分へ導いてくれます。

最後の宝石、【降伏】は、運命に自分を捧げることです。この教えは、私たちより運命の方が何事もよく知っている、ということを思い出させてくれます。情熱と信じる心を持ち続けて、人生に積極的

に参加することで、いまという瞬間を率直に受け止めていくことができます。この教えは、一生懸命上流へボートを漕ぎ進めることより、流れに乗って景色を眺めながら船旅を楽しむことを勧めます。

　本書では、それぞれの宝石の説明に1章をついやし、たとえ話などをふんだんに使いながら教えを解説しています。また、各章の終わりには、自己観察を促す問いを掲載しているので、日記を書きながら答えを考えたり、グループで話し合ったりして、教えの理解を深めてください。

1つ目の宝石［非暴力］

アヒムサ
अहिंसा

周りで暴風雨が吹き荒れる
私は自分の心を落ち着け、
平和のリボンを送る〜平和

〜 キャサリン・ラーセン

アヒムサ（非暴力）

『ベスト・キッド』という映画の中で、17歳のダニエルはミスター・ミヤギという小柄な老人に出合います。おおらかで気取ったところがなく、おちゃめで無害な人物に見えます。ある時は何時間も座ったまま箸でハエを捕まえようとし、ある時は熱心に盆栽の手入れをし、何を言われても顔色一つ変えないミスター・ミヤギ。ところが、映画の話が進み、いじめっ子たちがダニエルとミスター・ミヤギに脅しにかかると、ミスター・ミヤギはとっさに防衛的な行動をとります。この老人が自分より大きく若い空手の相手と巧みに戦う姿を目の前にして、ダニエルは驚愕します。このときから、ミスター・ミヤギは空手という防衛術の師範となり、真の友情と人生の目的を教えてくれるよき相談相手となります。

非暴力は、ダニエルの目に初めて映ったミスター・ミヤギの姿に似ています。決して目立つものではなく、重要さが伝わりづらいため軽視されています。私たちは、何の役に立つのかわからない非暴力をそっちのけにして、すっかり存在を忘れてしまっています。ですが、非暴力は大切な教えであり、ヨガの哲学と実践においての基礎と東洋では考えられています。地に足をつけた生活を送り、非暴力をしっかり実践しなければ、ヨガの実践者が行うことの全てが不安定になる。偉大なヨギーはそう警告しているのではないでしょうか。あなたの偉業や成功、希望や喜びは非暴力という土台の上にありますか？　もしそうでないのであれば、それは間違った土台の上にあります。

> 非暴力は大切な教えであり、ヨガの哲学と実践においての基礎と東洋では考えられている

20

アヒムサ（非暴力）

　暴力の例というと、殺人や肉体的ないためつけがすぐに思いつく
でしょう。殺人や肉体的ないためつけは顕著な例で、実はもっと小
さな暴力が蔓延しています。焦っているとき、怖いとき、無力に感じ
るとき、心のバランスを崩しているとき、それから自分を追いつめす
ぎているとき、自分自身にきつい言葉を発したり、怒りを爆発させた
りしてしまうことはありませんか。心身の些細な違いに意識を向け
ていくと、他人への非暴力は自分への非暴力に直結していることに
気がつきます。家庭や社会で非暴力な人間になれるかどうかは、
私たちの内面の強さや性格で決まります。

　映画『ベスト・キッド』では、ダニエルが空手道場に通って空手の
練習をすることはありませんでした。その代わりに、彼は車のワック
スがけや、木材のヤスリがけ、フェンス塗りといった日々の作業を通
して空手を上達させていくのです。同じように、私たちも日々課せ
られる課題に向き合いつつ、自分が非暴力になる傾向を意識して
いくことによって、非暴力を実践できる容量を増やしていくことがで
きます。アヒムサ（非暴力）は、暴力をしないという意味。それに
は、一番良い状態の自分が必要です。勇気、バランス、自他への
愛情を積極的に練習することによって、非暴力の容量を増やしてい
くのです。

勇気を見つける

　私たちの恐怖心はいたるところに存在します。何かから臆病に
目を背けるとき、暴力に訴えるとき、周りに壁を築きあげて何かを守
ろうとするとき、または何かにしがみついているとき。そこには、恐
怖心という感情が根底にあります。暴力的な言葉やジェスチャー
の裏側にも恐怖心が存在しています。私たちの心は恐怖心という

感情に支配されすぎて、他の感情の出番がなかなかありません。何かを獲得する、権力を得る、そういった目的のために戦争が繰り返され、虐待や恐怖によって子供たちの純真さが世界中で失われています。注意して観察すると、欲望・権力・不満足といった感情は、全て恐怖心という感情から生み出されていることがわかるはずです。それだけではなく、恐怖心は暴力を生み出します。

　この話しを続ける前に、私たちが生存するための恐怖心と、私たちの生活を阻害する恐怖心との違いを理解する必要があります。前者の恐怖心は本能的なもので、生存のために備わっている感情です。後者は、未知への恐怖心です。この恐怖心は自分の想像の産物で、このことに気が付けば、未知への恐怖心はワクワクする冒険心へと変わります。私たちは、自分の頭の中で問題を作り上げて、自分の人生の可能性から自分自身を遠ざけているのです。

　恐怖心が想像の産物であることを表す良い例がスカイダイビングです。高い空を飛ぶ飛行機から飛び出して、途中でパラシュートを忘れずに開くことを想像すると、恐怖心で背中がゾクゾクして心臓がドキドキします。私はいままで一度もスカイダイビングを体験したことがないのに、体内でそんな現象が起こるのです。この恐怖心を乗り越えるには、まず違うシナリオを自分に用意するのです。楽しい冒険を想像します。スカイダイビングは自分が十分にできること。そう、天国から地球に気持ちよくジャンプするのだと想像してみます。この勇気を本当に自分のものにしたら、パイロットに呼びかけるのです。

> 暴力のない人生、そして世界をつくりあげるには、まず自分の勇気を見つけること

　普段の生活の中でつい避けてしまう人物や物事に目を向けることで、新しい自分を発見し、人生の新たな側面について学ぶことが

できます。敵とする人からだって学べることが数多くあります。む
しろ、今まで避けていた人こそ、新しいアイディアをくれ、新たな自
分に気が付かせてくれるのです。人や物事への恐怖心に立ち向
かうことで、自分自身が成長していきます。これができるようになる
と、視野が広がり、突然、世界が大きく見えるようになります。そし
て、その大きな世界をより自在に生きていくことができるようになり、
自分の許容範囲が広がると、考え方や心がオープンになり、暴力的
である必要がなくなります。暴力のない人生、そして世界をつくり
あげるには、まず自分の勇気を見つけることが欠かせません。

　恐怖心がなくなれば勇気を持てる、というわけではありません。
勇気とは、恐怖心があっても、それに縛られないことです。恐怖心
と向き合うことで、勇気が生まれます。小さな恐怖、大きな恐怖、
恥ずかしい恐怖、そして想像するのも恐ろしいこと。人生を思いっ
きり楽しむには、恐れていることを、恐れながらもやってみることで
す。安全な場所にばかり居ては、勇気は成長できません。ガン
ディが誰よりも強かったのは、彼が人生を諦めなかったからです。
人生がどんなに困難で複雑なものになっても、彼は決して逃げ出し
ませんでした。彼はその瞬間に起きていることを見つめ続け、それ
らから学び続けました。そうやって誰にも劣らない立派な指導者と
なり、誰にも止めることができない力を発揮し続けたのです。ガン
ディにとって、恐怖は勇気を作り上げる良い刺激だったのです。

バランスを保つ

　勇気を持つためには、自分を良い状態に保ち、自分のバランスを
保つことが必要です。忙しすぎた、カフェインを取りすぎた、糖分
をとりすぎた、もしくは睡眠が足りなかったせいで、目標に一歩足り

なかったことはありませんか。バランスが乱れているときは、大抵その不満足さが外に現れ、それがやがて暴力へと発展します。逆に、バランスが取れているときは、心身が調和した状態となり、外界への表現も非暴力的になります。バランスの大切さについて、フィル・ニュエンバーガー博士は、「奥深い調和はもっとも大切な宝で、どんなことをしても私はそれを守る」と言っています。

　生活のバランスを保ち続けることは容易なことではありません。私たちは皆、欲望にまみれたおせっかいな人間です。それだけではなく、奥底にある願望を満たす何かが存在する、という虚偽の刺激や広告に囲まれて生活しています。自らバランスを取ろうとしな

> バランスは、
> 内なる声の指示や
> 智慧を聞くこと
> から得られる

ければ、これもあれもやらなければと約束や責任に縛られ、息をする間が無くなり、あっという間に虚偽な宣伝の被害者となります。間（ま）を取る、名残惜しむ、別れの時間を持つといった行為は、いまの社会習慣に反した行為とも言われかねないでしょう。私たちは忙しい社会の中で生活し、自分自身を日々忙しく追い込んでいます。そんなことはないと思うのであれば、自分のスケジュール表を確認してみてください。どれだけ予定を詰め込んでいますか。忙しさの反動として、私たちは、自分や他人にとてつもない暴力を逃げ場なく与えているのです。

　私たちの心と魂は、体と同じように、消化して吸収する時間が必要です。心と魂は、体と同じように、休憩が必要です。休憩とは、息をつく間（ま）を持つことです。詰め込むのではなく、もっとスペースを作り、じっくり考え、日記をつけたりする時間をたくさん持つことです。別れを言う時間、想像する時間、自分の中の生命力を感じる時間も私たちに必要な間（ま）なのです。

24

アヒムサ（非暴力）

バランスには決まった形はありません。模範例があるわけでなければ、予定や計画できたりもしません。バランスは、内なる声の指示や智慧を聞くことから得られます。一人ひとりのバランスはそれぞれ異なり、その時々によっても異なります。バランスを取るには、静かにして、内なる声に耳を傾けることです。内なる声は何かを強いたり、約束させようとしたりはしません。内なる声は、どうやったら私たちが生命力溢れ、健康的で、深い調和の中にいられるかをただ知っています。

私の息子と孫たちは、『リスク』というボードゲームで遊ぶのが大好きです。それぞれのプレーヤーは軍隊を持っていて、世界中のあらゆる国にその軍隊を戦略的に置き、世界征服を目指すという、一度始めると夜中まで続くような頭脳を使うゲームです。面白いのは、孫たちがそのゲームをやるなかで、バランスの重要さについて学んだことです。孫のひとりがこう言いました。「世界中に敵の軍隊が広がるのを見ると、とても強そうに見える。いつもお父さんは、まず４角に軍隊を置く。あまり動きも無

> バランスが整っているとき、私たちはおのずと非暴力でいられる

いから、お父さんの軍隊はこちらに攻撃してくる心配はしなくてもいいように見える。だけど、ゲームが進むと、軍隊を広げすぎた人が一番先に負けて、４角に置いたお父さんがいつも勝つんだ。」と。

バランスとはまさにこういうもので、自分の活動を色々な領域に広げるのは凄いことに思えます。けれども、そうすると一番先に負けるのです。体・心・精神の健康はかけがえのない資源で、自分自身のバランスが整ってはじめて、必要な能力とゆとりを持って、人生の荒波に立ち向かうことができるのです。自分の中の調和を保ちながら人生を送ることで、「勝つ」ことができるのです。バラン

スが整っているとき、私たちはおのずと非暴力でいられます。

無力感の対処法

　バランスを取り続ける上でのチャレンジの一つに、無力感があります。無力感は、憤りや怒りという外への攻撃として現れ、憂鬱や被害妄想という内への引きこもりとして現れます。自分の力を認めることを恐れて、無力という感情に自分を閉じ込めてしまうのです。ここでいう無力感というのは、他に選択肢がないと感じる瞬間のことです。選択肢が無くなると、与えられたチャレンジに挑む術が全く無いように感じます。こんなとき私たちは、閉じ込められて隙あらば逃げ出そうとする檻の中の動物と同じです。それが、怒りであろうが、引きこもりであろうが、挫折感、そしてあきらめでも、私たちの思考回路は止まり、真っ暗なトンネルの中を電車で通るときのような闇と不安に囲まれた状態に陥ります。

　アヒムサ、非暴力は、無力感を受け入れることより、まずその感情に疑問を持つことを勧めています。無力に感じるとき、私たちは、本当は選択肢があることを忘れがちです。私たちには、行動を起こすという、選択肢があります。また、自分が無力だという思い込みを変える、という選択肢があります。無力感に不満を言う代わりに、「この状態を打破できると信じるためには何をすればよいか」と自分自身に問えばよいのです。こんなとき、自分を見失わずに難しい状況をうまく打破できた時のことや、その時の感情を思い出すことで、一気にスタートを切ることができます。

　私自身、無力感から脱する方法を3つ持っています。感謝すること、その瞬間を信じること、そして他のことに集中することです。状況のとらえ方を変えることで、無力感という真っ暗なトンネルから脱

することができます。突然、光が見えて、そこに選択肢があること
に気づくのです。例えば、ここぞというときに車が故障してしまっ
たとき、私は自分に怪我がなく携帯電話を持っていることにまず感
謝します。そして、私には、車をけん引して修理してもらうことを含
む、いくつかの選択肢があります。久しぶりにバスに乗ったり、しば
らく連絡していなかった友達を呼んで車で送ってもらったり、アクシ
デントは冒険へと様変わりできるのです。そして、全てうまくいくと
状況を信じるのです。

　無力感は、子どもの頃に起こった出来事がきっかけとなっている
ことが多くあります。その頃は確かに無力だったかもしれません
が、それは過去の話。無力さを感
じる人々と個別セッションを何度も
行ってきましたが、それぞれ幼い頃
の話を信じ続けているのです。私
は、無力感という感覚は、その時の
状態について自分に言い聞かせて
いるストーリーに原因があると信じ
るようになりました。私たちには、
異なるストーリーを自分に言い聞か
せ、自分を成長させ、自分の人生に
責任を持つようになる、という選択肢があります。

> バランスを
> 取り続ける上での
> チャレンジの一つに、
> 無力感がある。
> アヒムサ、非暴力は、
> 無力感を受け入れる
> ことより、まずその
> 感情に疑問を持つ
> ことを勧めている

　無力と感じることは、私たちの生活レベルを上げるチャンスでもあ
ります。私は、新しいテクノロジーや機械を相手に、無力さを感じる
ことがあります。何かが壊れたとき、私の無力感は、どうすればよ
いのかという感情の爆発にも、新しいことを学ぶチャンスにもなり得
るのです。私は、「自分の不甲斐なさは、自分を退屈させない」とい
うヨギラジ・アチャラの言葉についてたびたび考えます。このよ

うな態度を取れば、無力感は、暴力ではなく、何かを習得するチャン
スになります。

自分を愛する

バランスを保ち、勇気を持つことは、自分自身に対してどのよう
なセルフイメージを持っているかに大きく左右されます。それをよ
く表す話が2つあります。ヒマラヤン・インスティチュートの精神
的指導者、パンディット・ラジャマニ・ティグナットは、彼の小さな息
子についてのこんな話をしました。インドへの家族旅行から帰った
直後、彼の息子はおかしな行動を取りはじめました。両親や遊び
相手を齧ったり、抓ったりしはじめたのです。ラジャマニは、奇怪な
行動を取る我が子の側にしばらく付き添いました。そして、息子が
インドで寄生虫に侵され、その寄生虫が彼の内側を齧ったり、抓っ
たりしていることに気が付いたのです。ラジャマニの息子は、自分
の内側で起こっている出来事を、静かに表現していただけだったの
です。

ヨガインストラクターそしてメンターとして働くアン・マクスウェル
が、彼女の家庭で起こった突然の出来事について話しました。彼
女の3歳になる息子、ブルックスが突然、自分の便を握ってしまった
のです。その行為は、ブルックスを不快にさせるだけではなく、家
族全員をも不快にさせるものでした。ブルックスが便を握るか握ら
ないかで家族のムードが決まるのでした。握ってしまった日は、非
常に惨めな3歳の男の子から家族全員が影響を受け、苦しみまし
た。ブルックスは、彼の内側で起こっている出来事をわかりやすく
表現していただけだったのです。

この話は2つとも、自分自身をどう扱うかが、周囲の扱い方に直

結することを表しています。もし、あなたが自分自身を厳しく管理していれば、周りの人もあなたに鞭で叩かれるような感覚を覚えていることでしょう。自分自身に対して批判的であれば、周りの人もあなたから過度な期待を感じていることでしょう。もしあなたが気楽で、自分に対して寛容であれば、周りもあなたと一緒にいて楽しいと感じていることでしょう。笑顔と喜びを自分自身に見つけることができれば、あなたの存在自体が周りを癒していきます。

　赤いペンキ缶を買って壁に塗るとき、それが青になるとは誰も想像しません。それなのに、私たちは、自分には厳しく過度な要求をつきつけ、他人に対しては愛情深い人間であろうとするのです。うまくいくはずがありません。ただし、ペンキの色は、私たちが願う色に変えることができます。自分自身を扱う「色」が、他人を扱う「色」になります。自分自身と一緒にいることが安全でなければ、周りの人もあなたと一緒にいて安全と感じることはなく、世界も安全になることはありません。

> **自分自身を
> どう扱うかが、
> 周囲の扱い方に
> 直結する**

　私は、コロラド州のボールダーにある会社で、3年コンサルタントとして勤めました。刺激的でやりがいがある仕事でしたが、息をつく間もなくせわしく働いていました。3年ほど経ったある日、熱めの泡風呂にゆっくり浸かる、という大好きな時間を長らく取っていないことに気が付きました。そこで私は立ち止まって、自分が作り出した竜巻のような生活を見つめ直しました。この数年、孫と遊んでいない。友達の近況も知らない。それだけでなく、私は、自分の周りに過度な要求をしていたことに気が付きました。周囲の人々は、私からのつっかかりを感じていたのです。やりすぎ、押しすぎで睡眠不足気味な自分の世界は、自分と周囲の関係全てに滲み出てい

たのです。その仕事を辞めて、生活にゆとりと楽しみを持ち始めると、周囲との関係も一転し、楽しく満足がいくものに変化していきました。

　生活を変化させるうえで、自分自身や周囲にどのような影響を与えるのか興味があったため、私は「実験」を試みました。それは、自分自身に恋に落ちるということです。恋に落ちることは、喜びに満ちた感情です。恋する相手が何をしていても大好きに思えます。その人は、いつも美しく喜びに溢れていて、一緒にいたいと思わせます。恋に落ちることは、過度な期待や批判という名の暴力に隙を与えません。喜び、嬉しさ、奔放さで溢れています。恋人の近くでは、誰しも愛情を感じることでしょう。恋は、通り道のあらゆる物を燃料にして、燃え盛ります。実験が成功したかというと、大成功とは言えませんが、自分自身に恋をしている私の周りにいると、ゆとりや喜びを感じると言ってもらえました。

　他人を愛するという感情や、純粋に好きという感情は、誰でも持つことができます。ですがそれを表現するとき、私たちは、自分自身を扱うようにして、その人への愛を表現しているのです。愛という感情は、非暴力の根底にあり、自分を愛することから始まります。自己中心的な愛じゃなく、寛大で許容的な愛。不完全さに愛しさを見つけ、その人の人間らしさをそのまま受け入れる愛。自分自身の全てをこのように愛せて初めて、このような愛をしっかりと他人に表現できるのです。自分自身の全てを愛するためには、自分自身を許さなければなりません。許すことをしなければ、罪悪感が心にずっと重くのしかかることでしょう。罪悪感は、自分自身や他人を愛することを邪魔し、こうされたいという一方的な期待に自分を縛り付けます。

　これは、何度言っても足りないぐらいです。自分自身のあらゆる

アヒムサ（非暴力）

細胞を受け入れて愛することができなければ、それはやがて波を立て、その小さな暴力という波は、周囲に大きな影響を繰り返し長期間に渡って与えます。私の周りには、自分の感情について話してくれる人がたくさんいますが、失敗や自己嫌悪や、自分を変えなければという思いに駆られている人がこれほど多いのか、といつも驚きます。自分を愛するのではなく、自分を変えようとする試みは、逃げ場のない負のサイクルに私たちを落とし入れます。私はよく、個人的な失敗談を聞くと、あっけに取られてしまいます。なぜなら、そんな失敗談を聞く私の目の前には、美しく唯一無二の人がいるのです。いつの日か、この人がどんなに自分が素晴らしいか気づく日が来ますようにと、切に願うばかりです。

　勇気と愛は切っても切れない関係にあります。「愛が人生を支配するとき、人は恐れを知らない」。これは、スワミ・ラマが旅の途中に残した言葉で、キリストの「完全な愛は恐れをとり除く」という言葉と合致します。恐怖は痛みや暴力を生み出しますが、愛は発展と非暴力、そして私たちが必要とする安全を与えてくれます。「非暴力」は「愛」と共に育ち、「他人への愛」は「自分への愛」と共に育ちます。それぞれの関係は、切っても切り離すことはできません。

他人への暴力

　自分を愛することができない場合、外側、つまり他人の行動に意識が向きます。自分自身の失敗を隠すがごとく、他人のことを過度に心配します。これは、「自分の人生はグチャグチャだけど、あなたの人生を改善できれば気分が晴れる」と言っているようなもの。自分自身に正直になれない私たちは、他人へ親切を施したことに満足して、夜、寝ついていることでしょう。達成した困難な偉業を、誇らし

くも思っているかもしれません。ですが、実際私たちは、他人にどう人生を生きるべきかをアドバイスすることで、自分への失望感を隠しているのです。私たちには、自分の人生を見つめ直す勇気が必要です。さもなければ、誰も気がつかないような巧妙な手口で、助けていると勘違いしながら、他人を傷つけ続けることになります。

　この人はこう生きるべき、と決めつけることは、その人に小さな暴力を与えていることと同じです。人を「手助け」することは、その人の自主性を奪うことです。「非暴力」は、他人の能力を信じて、その人が自分で答えを見つけられると信じるべきだと、私たちに説い

> 私たちには、
> 自分の人生を見つめ
> 直す勇気が必要。
> さもなければ、
> 誰も気がつかない
> ような巧妙な手口で、
> 助けていると勘違い
> しながら、他人を
> 傷つけ続ける。

ています。他人のことを哀れに思うのではなく、その人を信じる。「非暴力」は、その人の人生の旅を信じて、その人が一番良いとする自分になれるようサポートしてあげることです。あなたが掲げる一番ではありません。自分自身や自分自身の経験、他人、そして他人の自分との経験をコントロールするのは辞め、また、自分が必要とするものごとを、他人に押しつ

けるのは辞めましょう。その人がしたいように、なりたいようにさせるべきです。自分についても、その人が思いたいように思わせればよいのです。

　次のインドの話が、他人に良かれと思って取る行動が、実は暴力を与えている例をわかりやすく表しています。

　ある通りがかりの人が、木々の間にサカナと一緒にいるサルを見つけました。そのサルはサカナにこう言っていました「溺れそうなところを救ってあげたのに！」そのサルは、サカナを救ってあげようと

思って、魚が生息できない場所にサカナを置いたのです。

　他人のことを救うことはできません。他人を変えることもできません。できるとしたら、その人の見本になることです。それは自分をどうにかすることです。

　「手助け」について私自身にもこんな体験があります。私の夫は、愛情の表現の一つとして、あるときから私が持っている重たそうなものを何でも運び始めました。初めは、なんて親切なんだろうとありがたく思っていました。ですが、しばらくたつと、重たいものを持たないことで、腕の筋肉が落ちていることに気が付いたのです。重たい物を持たなくなったことで、私は弱くなっていたのです！

　何かにチャレンジをして、それに成功することは、私たちに自立心、自信、そして達成感を与えます。他人の状況をどうにか変えてあげよう、または救ってあげようとするとき、私たちは彼らの学びのチャンスを奪っているのです。先ほどの話のサルのように、チャレンジや苦しみに面している人からそれを取り去ることは、素晴らしい学びの機会を彼らから奪うことです。より強く、より有能に、そしてより情け深い人間に成長するチャンスを邪魔しているのです。

　確かに、愛する人が苦しみ、困難なチャレンジを潜り抜けるのを見るのは、拷問のように辛いことでしょう。痛い目にあっているのであれば、どうにかその痛みを取り除いてあげたい。何か決断をしなければいけないのであれば、どうすればいいのか言ってあげたい。それでも、私たちがすべきことは彼らと共に座ってあげることだけです。その場所に、そのまま、苦しみやチャレンジを信じて、間違うことも成長の一部だと信じることが大切です。苦しみやチャレンジから逃げずに立ち向かって初めて、優れた人間が形成されるのです。

　70年代に活躍した女権主張作家、ネル・モートンは、私たちが

持っている力は「互いの本心を聞くこと」とうまく表現しています。作家のレイチェル・ナオミ・リーメンもまた、「聞くことは、話し手のホームレスな部分に安らぎを与える」と言っています。他人のために変えてあげられることや、救ってあげられることは何もありません。できるのは、「聞く」という贈り物を送ることだけです。誰にでも「自分に耳を傾ける」安全な場所が必要なのです。サルとサカナの話に戻ると、サルがすべきだったことは、助けを必要としているサカナと一緒に水の中に潜ることだったのです。木々の間にサカナを連れてくることではなかったのです。

「心配」も親切の皮をかぶった暴力の一つです。心配することは、他人の能力を信じていないということで、決して愛とは共存し得ない感情です。心配することは、その人を信じないで、自分の方がその人の人生についてよく知っているという、傲慢さから生み出されます。心配することは、「あなたの道のりも、答えも、タイミングも信用していない」と、相手に言っているのと同じです。「心配」は成長途中の「恐れ」です。想像力の誤った使い道です。相手を心配するとき、その人の価値を信じず、馬鹿にしているのと同じことなのです。

ここで、「手助け」と「サポート」の違いをしっかりと認識しておくべきです。私にとって、「手助け」は、相手より自分の方が賢い人生選択をでき、チャレンジをうまく切り抜けられる、という意味合いを含んでいます。「手助け」は、その人より一段高い場所に自分を置いているのです。逆に、「サポート」は、その人と同じ場所に立って、同じ能力を持って、その人と一緒に座って、答えを与えるのではなく、その人を尊重することです。

ミネソタ州ミネアポリスにある虐待経験女性のための保護センターでは、「心配」ではなく「信頼」をし、「手助け」ではなく「サポー

ト」をするという概念を表す素晴らしい格言を掲げています。それ
はこう書かれています。「女性には、自分の答えがある。女性には、
自分のタイミングがある。女性には、自分のやり方がある」

　つまり、子どもに対して、友達に対して、パートナーに対して、そし
て自分に対して、心配をするのか、それとも愛するのか。どちらが
もっと息をするスペースを与えて、自由なエネルギーを与えて、力
をみなぎらせてくれるのか。愛する相手に、心配ではなく愛を送っ
て、信頼してあげれば、その人はどう感じることでしょう。自分自身
を受け入れて、自分自身を真に愛していれば、他人を思いやる心が
広がり、他人を違う目で見られるようになります。

思いやりの心を広げる

　曲がった自己解釈で世界を見るのではなく、真実を恐れずに優し
い眼差しで見ることで、「思いやり」は習得できます。また、「思
いやり」は、頭できっちり考えて生きるのではなく、きっちりでなくて
も体に聞いて生きることで学べます。自分や他人を変えようとする
ことをやめて、「これは理解できない」とシャットアウトしていたハー
ドルを下げることで学べます。またそれは、単純に親切な行動を
とって、他人の生活を自らのものと同様に大切にすることで、学べ
ます。

　心の領域が広がると、必要とされている行動が具体的に見える
ようになります。「思いやり」は、その瞬間に必要とされていること
への対応です。偉人たちは、このことを自ら実践してきました。彼
らは、「思いやり」の行動をとることで、世の中に変革を起こしてき
たのです。

　新約聖書において、「思いやり」に訳されているギリシャ語は

splagchnizomaiという言葉です。この言葉を文字通り解釈すると、腸やその辺りの内臓に感情を持つという意味になります。「思いやり」は胸にある感情と現代の私たちは思っていますが、キリストの時代、感情は腸の辺りに存在したようです。「思いやり」は、腹の底からくる、はらわたがちぎれるような、内面からの反応と解釈され、この表現は、福音書の作者たちに好んで使われていました。特に、福音書の作者たちは、苦しむ人のためにすぐさま行動を取るぐらい、他人の状況に深く影響を受けた人を描写するのに、この言葉を使っていました。「思いやり」はただ哀れという感情ではなく、危険を顧みないとっさの行動を引き起こす強い感情だということを、福音書の作者たちは理解していたのです。

> **曲がった自己解釈で世界を見るのではなく、真実を恐れずに優しい眼差しで見ることで、「思いやり」は習得できる**

ある友達が、何年か前に彼女に起こった事件について話してくれました。その日、近所に住む、子どもを産んだばかりの女性が、「夫が風呂場に閉じこもって自殺を図っている」と大声で叫びだしたのです。警察の緊急ダイアルに通報した後、友達は、自分の危険を顧みず、その女性の家の風呂場に押し入り、大量の血を流して倒れている男性を抱きしめました。自分にどんな危険が及ぼうかなど考えもせずに、この男性をなだめ、励まし、救急車が来るのを一緒に待ちました。

思いやりとはこういうものです。一般的なルールを超え、安全の枠を超え、その人を苦しみから救おうと取るとっさの行動を引き起こす感情です。自分のことを忘れ、規定を破り、他人の叫びに応えようとする。友達のような勇気や深い思いやりを私たちはまだ持っていないかもしれません。ですが、どんな出会いにおいても親切な行

動をとり続けていれば、誰でも深い思いやりを持つことができます。

　私の夫が11歳の時、彼の父親は交通事故で亡くなり、7人の幼い子どもと呆然とする妻が後に残されました。夫は、彼の叔父が、定期的に家にやってきてくれたこと繰り返し話してくれます。その叔父は、夫や夫の兄弟を裏庭に誘い出しソフトボールをし、初めてサッカーゲームを見に連れていってくれ、雪が積もった日には、誰もいない丘の上に子どもたちを連れ出し、子どもたちがソリで丘を滑れるように、何度も何度も乗用車に子どもたちを乗せて丘を登ってくれたそうです。父親を突然亡くして途方にくれる7人の甥っ子や姪っ子。これを見て、とっさにこのような行動を取った夫の叔父には、思いやりがありました。誰に頼まれたわけでもないのにこの叔父は、腹の底からくる感情に従って、このような行為を、親戚を代表して行ったのです。この叔父の行動は、夫の人生に大きな違いをもたらしました。

　作家、ルシール・クリフトンはこう言っています。「あなたを見つめる瞳はどれも、あなたの想像を絶する困難を経験している」。この地球上に住む人間の誰しもが、辛い過去を心の奥底に持ちながら生きています。この事実を覚えていれば、批判や好き嫌いより、思いやりの心を持ち続けることができるようになるのです。

　集団療法のワークショップを受けたとき、非暴力が説く思いやりと優しさを凝縮したような東京出身の男性に出会いました。独特の雰囲気がある男性で、私を含めて皆が彼の人間性に魅力を感じていました。ある日、彼と昼食を一緒に取る機会があり、彼のこんな話を聞くことができました。彼は日本で、野心と才能に恵まれた企業家として忙しい日々を過ごし、成功を収めていました。ですがある日、彼の成功を支えてきた大親友が心臓発作で亡くなってしまい、彼の人生は激変しました。

テーブルの反対側に座り低いトーンで語る彼の話に、私は聞き入りました。大親友を亡くした彼は、人生感が変わり、すぐに会社をたたみ、マラソンを走りはじめたのです。マラソンのトレーニングをしたことがないのにです。生きることへの執着をマラソンへの執着として走りはじめました。いま40代後半となった彼は、過去5年間、週1のペースでマラソンを走り続けています。がに股で、がっしりとした体格は、マラソン向きとは思えないのですが、マラソンをして怪我をしたことは一度もないと言います。週末には、世界中で行われるさまざまなマラソンを走りに行きます。どうやってトレーニングをせずに、それだけのスタミナをつけて、怪我をしないでいられるのか尋ねたところ、「一歩一歩、地球を傷めないように優しくタッチする。そうすると、地球にも痛めつけられることはないんだ」と謙虚そうに彼は言いました。

　何をする時であっても、アヒムサ、非暴力という宝石は、軽いステップを取り、傷つけず、自分自身、他人、そして地球との関係を尊重することを、私たちに説いています。

アヒムサ（非暴力）

探究のための問い

　下記の質問を自分に問いかけながら過ごし、自己観察の時間を作り、日記をつけることで、非暴力の練習をし、新たな発見をしましょう。これからの1ヶ月間、若くしてユダヤ人大虐殺の犠牲となった、エティ・ヒレスムのこの言葉を思いながら過ごしましょう。

つまるところ、私たちの道徳的義務は1つだけ
自分自身が平和であること
もっとずっと平和に
そしてそれを周りの人にも伝播させていくこと
自分がもっと平和であれば
この混沌とした世界がもっと平和になる

1週目： 今週は、普段やらないことをやって、あなたの勇気を発見しましょう。いつもより勇敢に感じていれば、何か恐ろしいと思うことに挑戦してみましょう。それよりもさらに勇敢に感じていれば、怖いと思っている自分自身の感情をまず楽しみ、その怖いことを楽しみながら挑戦してみましょう。本能的な恐怖心と未知への恐怖心との違いがわかりましたか？　勇気を持って未知の領域に踏み込むことで、自分自身の感覚や他人との関係にどのような変化が現れるか意識して観察しましょう。

2週目：今週は、バランスが自分の最も大切なものだと思って、バランスを守り切ってください。バランスはこうあるべきだと頭で考えるのではなく、体からのメッセージを聞いてください。たったいま、睡眠が必要なのか、それとも運動が必要なのか。いつもと食事を変える必要があるのか。祈る必要があるか。人生にもっと冒険が必要か。体からのメッセージに従って動き、自分のバランスがどうあるべきかを探究しましょう。その結果が自分自身や周りの人の生活にどのような影響を与えるかも意識して観察しましょう。

3週目：今週は、他人の人生の邪魔をしている自分に気が付きましょう。あなたは心配性ですか。それとも人の面倒を見たがるタイプですか。「手助け」と「サポート」は同じではありません。他人の生活に首を突っ込むことで、自分の生活の何を避けているのか、意識して観察しましょう。

4週目：今週は、自分は完璧な人間だと信じて過ごしましょう。今以上、自分に必要なことはなく、欠点や批判される点や、変えないといけないところは何もありません。誰かと競争する必要はなく、今以上の自分（または今以下の自分）になる必要もありません。こう信じることで、どのような違いが現れたか書きとめていきましょう。どれほどの喜び、親切心、そして忍耐を自分が持つことができるか気が付きましょう。

1ヶ月を通して、エティ・ヒレスムの、「自分自身がもっとずっと平和」という言葉をじっくり考えてみましょう。

2つ目の宝石 [不嘘]

サティア
सत्य

その「はい」という返事は
心の暗い部分から来ているのか、
明るい部分から来ているのか

〜 キャサリン・ラーセン

サティア（不嘘）

　C.S.ルイスの『ナルニア国物語』を読んだことはありますか。私の家族は、この美しい物語シリーズを、もう何年もお気に入りにしています。第1作の『ライオンと魔女』で、ビーバー夫妻が4人の子どもたちを偉大なライオンの王、アスランに紹介するシーンがあります。ビーバーおじさんは、アスランは過ちを正し、悲しみを打ち消し、冬を終わらせて春を連れ戻すことができるんだ、と子どもたちに説明します。アスランは人間なのか聞かれてビーバーおじさんは、「アスランは人間なんかではない。獣の王様だ。王様の前に出ると膝がガクガクするぞ」と厳しい表情で子どもたちに言い聞かせます。すると、子どもたちはアスランは危険ではないかと、怖がります。そこで、ビーバーおじさんは、獣の王様は危険なやつだが、いいやつだ、と補足するのです。

　ここに出てくるライオンの王、アスランのように、サティア「不嘘」は危険ですが、良い存在です。真実は、過ちを正し、悲しみを打ち消すことができます。厳しい要求をしますが、その報酬は寛大です。「不嘘」は、私たちが普段あまり訪れない場所、結果がどうなるか予測できない場所へと私たちを連れ出します。「膝がガクガクするような」思いで

> サティアという
> 宝石、「不嘘」は
> 危険だが、良い存在

「不嘘」に接していないのであれば、私たちは、この教えの本当の意味をまだ理解できていません。「不嘘」は、残してあったクッキーを食べたか母親に尋ねられたときにつく、ささいな嘘とは違います。「不嘘」は、ただ嘘をつかないだけではなく、自他に対して誠実に生きることを私たちに要求します。

サティア（不嘘）

いい人ではなくリアルな人であるとき、自己を甘やかすことより自己を表現することを選ぶとき、何かに属することより自分の成長を選ぶとき、そして、厳格性より流動性を選ぶとき。こういったとき、私たちは、「不嘘」の真の力を理解し始めます。そして、この宝石がもたらす自由と正義を感じることができるでしょう。

いい人ではなくリアルな人になる

カール・ユングは、「真実が危険でなければ、嘘をつく意味はない」と書いています。私たちはなぜ嘘をつくのでしょうか。誰かの感情を傷つけたくない、本当のことを言うと自分が嫌われる、尊敬してもらえなくなる、といった思いからでしょうか。「ちょうど良いサイズの箱を選んで、自分をその中に入れて、かわいい包装紙とリボンをかけて、自分自身をプレゼントする」と言う友達がいます。またほかの友達は、「私は、相手によって自分を変えてしまうの。もし、知合いが全員同じ部屋に同時に集まったら、どの自分でいたらいいかわからないわ」と言います。

> もし、
> 知合いが全員
> 同じ部屋に
> 同時に集まったら、
> どの自分で
> いたらいいか
> わからない

「いい人」とは何でしょうか。ヨギラジ・アチャラは、「いい人」には気を付けよと、ある時言いました。自分のことを「いい人」だと思っていた私は、この言葉にむっとし、同時に困惑しました。そして、この言葉について考えるようになりました。「いい人」と「リアルな人」の間には大きな差があります。

まず、「いい人」というのは幻想です。嘘を覆い隠すマントのようなもので、こうあるべきと誰かが作り上げたイメージにすぎませ

43

ん。誰かに言われて、プレゼント用の箱に詰めた自分です。「いい人」はよく、もうこれ以上隠しきれないという時点まで物事を隠すので、それがかえって危険な状況をもたらすことがあります。私自身がまさにそういう人間でした。

　リアルというのは、私たちの本質のまん中から、その瞬間に語りかけるものです。大胆で、本質的で、自発的なものです。リアルであるとき、私たちは、自分を防御したり、置かれている状況をコントロールしようとしたりしません。いまという瞬間に、つけ足しや包装をせずに、直に接します。リアルであると、人に不快感を与えることがありますが、その人を後から無駄に驚かすことはありません。リアルであることは、楽しいことだとは限りませんが、信頼できることです。私が夫と出合ったとき、私は彼のことをゲイだと思っていました。その結果、恋愛対象の男性の前で普段取る振る舞いはせず、本来の自分を最初から彼に見せていたのです。いま、夫と深い信頼関係があるのは、そのときに本当の自分を見せていたからだと思います。夫も本当の姿を私に見せてくれました。

　何があなたに、自分を曲げさせたり、黙らせたり、本当はノーと言いたいのにイエスと言わせたりするのでしょうか。それともカール・ユングが言うように、真実を言うには危険すぎる状況に置かれて、あなたは嘘をついているのでしょうか。考えてみる余地がありそうです。

自分を表現する v.s. 自分を甘やかす

　習慣的に自分を押し曲げたり黙らせたりしていると、自分の人生への情熱を失って、ほかに心を満たすものを探そうとします。私たちは、いままで誰もやったことがない、できたことがない方法で、自

分を表現するために生を受けているのに、それを忘れてしまいがちです。世界に、「私はここにいる！」と訴えたくなる衝動がフツフツと湧くのを感じるでしょうか。様々な方法で、自分を表現することができますが、自己表現の方法が自分に押し付けられるとき、私たちは自分を甘やかしてしまいます。自分自身や社会からの「すべき」「しないべき」という期待がこれに該当します。表現方法を押し付けられると、私たちは、誤った方向にエネルギーを注いでしまいます。思ったより少ないが妥協する。そこら辺で手を打つ。これが続くと、私たちは、本当にやりたいことをできない代わりに、過食や働きすぎといったことにエネルギーを費やします。

本来の自分らしく
生きると、
エネルギーと生命力が
開放される。
自分も周りも
その活力から
恩恵を受ける。

　魂の声を聞いて、本来の自分らしく生きると、エネルギーと生命力が開放されます。滞っていたものが流れるように。周りの人も、あなたのイキイキとした活力から恩恵を受けることでしょう。逆に、何が原因であれ、自分の人生を抑圧していると、その見せかけの人生を生きるだけでエネルギーを使い果たしてしまいます。

　全米的に有名なボイスコーチで『ヴォーカル・パワー：ハーネシング・ザ・パワー・ウィズイン（Vocal Power：Harnessing the Power Within）』の著者である、アーサー・サミュエル・ジョゼフは、彼のクラスに初めて参加する生徒たちに面白い課題を与えています。家で、詩を朗読し、歌をうたい、それを録音してくるという課題ですが、まず普通の状態でそれを行い、それから全裸になってやるように言うのです。次のレッスンに来た生徒が、本当にその課題を全裸でやったかどうかは、その録音を聞けばわかる、とジョゼフ

は言います。なぜなら、全裸での録音の方が、ずっと力強い声になるからです。

　自分を箱の中に入れて守ろうとするとき、そして、成長したいという魂の欲求を無視して何かに属そうとするとき、私たちは、自分を鈍らせています。

何かに属する v.s. 成長する

　ドイツ人心理療法家バート・ヘリンガーのファミリーコンステレーション（家族療法の一種）は、罪悪感と無罪感について、独特の見方をしています。私たちは、人間の欲求として、グループに属したいという気持ちと、成長したいという気持ちを両方持っている、とヘリンガーは言います。また彼は、私たちは、グループから承認されることで、無害な所属意識を得ると言っています。ただし、グループが目指す方向と異なる方向に成長するとき、私たちは、そのグループに対して罪悪感を持ちます。自由という真実には、罪悪感という対価が伴うのです。

> 私たちは、
> 人間の欲求として、
> グループに属したい
> という気持ちと、
> 成長したい
> という気持ちを
> 両方持っている

　私自身、フェミニズムを信仰し出したときにこれを経験しました。当時、自分に起こる様々な出来事に最適なアドバイスを与えてくれるのは、フェミニズムという考え方でした。女性は男性と同様に重要で、男女は平等であるべきという考え方は、合点がいくものだったのです。ですが、フェミニズムを信仰し始めた私を見て、私の母親は、なんと恥ずかしいことかと感じました。なぜなら、フェミニズムは、彼女が信じていたことに真っ向から対抗する

考え方だったからです。彼女の目には、私は悪者でしかありません
でした。私は、母親との関係や彼女に対して罪悪感を持ちました
が、当時は、自分の魂の声に従いたいという気持ちが強かったので
す。母親との絆は強いまま損なわれることはありませんでしたが、
その後フェミニズムの話はあまり母とすることはありませんでした。

　国や文化、性別、階級、年代、人種、宗教、出身地、地域、会社、
そのほかの組織など、私たちは実に多くのグループに属していま
す。そして、それぞれのグループには、明記されていてもいなくて
も、グループのメンバーが従うべきルー
ルや信条があります。こういったもの
がなければ、グループの個性が損なわ
れてしまうため、ルールや信条は必要な

「不嘘」は
いつも私たちに
難しい選択を迫る

ものです。そのルールが、自分が自分らしく成長したいという欲求
と相反しない限り、問題はありません。ですが、相反する場合、自
分の一部を犠牲にして属し続けるのか、グループの承認やサポート
を捨てて成長を選ぶのか、私たちはどちらかを選ばなければなりま
せん。

　例えば、自国の方針に反して、戦争に反対する抗議活動者。彼
女は、投獄されると言われても、自分の真意に従って反対という立
場を取り続けるでしょうか。また、まったく刺激のないつまらない仕
事を続ける男性。彼には、養う家族がいて、子どもを大学に行かせ
るためにお金が必要です。給与が下がっても、心から面白いと思
える仕事に転職するでしょうか。それから、学校に戻りたいと願う
若い母親。幼い子どもの面倒を見るために家にいるべきだと、家
族や社会からの無言の圧力を感じていますが、自分の真の声に耳
を傾けて、自分の生活を充実させることで子どもをより深く愛せるよ
うになる、と信じることができるでしょうか。

上のどの状況においても、正解や間違いはありません。自分の真の声を聞いて、変化し、成長し、先に進むこと、そして、自分自身に真実を言って、それを実践することが、なぜ難しいかを上の各例は示しています。上の状況のどれでも、もう少し深く掘り下げると、現状を維持するための理由がさらに出てくることでしょう。インチキなカードゲームのように、引いて出てくるのは「現状維持」のカード。「どうしていいかわからない」という人がよくいますが、そういう人は、実際どうすれば良いのかわかっています。ただ、その時点での真実が重すぎるのです。

　「不嘘」はいつも私たちに難しい選択を迫ります。また、過ごす日々の瞬間ごとに、細心の注意を払って、最初から正しく行うべきだと示唆します。

最初から正しく行う

　ヨギラジ・アチャラは、物事を最初から正しくやるように努力することは無駄にならない、と言います。なぜなら、後から物事を片付けることはもっと時間がかかるからです。この言葉について考えてみましょう。誰かにきつく当たってしまって、後からその人に詫びたことは何度ありますか。または、誰かに約束したことを実行できなくなり、それを弁解したこと。それから、人の前で何か恥ずかしいことをしてしまったので、その人を避けるためにどれだけの時間とエネルギーを費やしているでしょうか。謝ったり、新たに了解を取ったりしなくていいように、最初から正しく発言し、行動すればよいのではないかと考えたことはありませんか。遺書や財務管理といった、気が進まないことを避けるためにどれだけの時間を費やしていますか。これは全て、真実から目をそむけることで、いつか片付けない

サティア（不嘘）

といけない散らかりを作り出しています。

　自分につく嘘はどうでしょうか。私はいつも時間に関して自分に嘘をついて、後から問題を大きくしてしまいます。割込や、休憩や、気分転換の時間を許さないスケジュールを立てしまい、それを自分や他人に約束してしまいます。その結果、約束を変更してもらうか、仕事を詰め込みすぎて自分のバランスを崩してしまうのです。また私は、希望的観測で、現実から離れた高過ぎる目標を立ててしまいます。これも自分につく嘘です。嘘をつくと、自分で作り出した散らかりを後から片付けなければいけません。それだけでなく、私は自分自身への信頼を下げてしまうのです。

> 謝ったり、新たに了解を取ったりしなくていいように、最初から正しく発言し、行動すればよいのでは

　自分自身を信頼できますか。自分自身に真実を言う危険を冒せますか。自分や他人にした約束を守れますか。私たちは、危険を冒して自らに真実を語り、自分のことを信頼できる自分へと成長しなければなりません。そうなれば、他人にも信頼されるようになります。自分に対して「不嘘」であれば、自分の信頼を築くことができ、嘘をついてしまった後悔や罪悪感にさいなまれる時間をなくすことができます。後から散らかりを片付けることもなくなります。そして、「不嘘」の実践から、新たに学ぶこともあります。

　「最初から正しく行う」と言いましたが、何が正しいかは常に同じではありません。真実は、状況によって変化するルールや信条が見せるダンスのようなものです。その流動性が真実を面白くさせます。

真実はいつも同じではない

　「非暴力」とセットで活躍する「不嘘」は、流動的でなければなりません。ある状況では、「不嘘」が大胆かつ勇敢に実践されます。飲み過ぎてよろめく家族に、厳しい仲裁を入れるときがこの例です。また別の状況では、「不嘘」はとても優しく使われます。幼い子どもが一生懸命つくった美術作品について褒め言葉を重ねるときが、この例です。上の2つの例は、「非暴力」の愛と「不嘘」とをセットで実践する際、状況によってどれほどそのさじ加減が異なるかを示します。「非暴力」の「思いやり」は、「不嘘」が個人の武器になることを防ぎます。「不嘘」によって周りの人を傷つけ、周りの人があなたから離れていってしまう前に、よく考えて使うように、この教えは警告しています。

> 「非暴力」の
> 「思いやり」は、
> 「不嘘」が個人の
> 武器になる
> ことを防ぐ

　「不嘘」の流動性はまた、眼鏡のレンズをきれいに保ち、よく見えるように眼鏡の度を定期的に調節することを勧めています。私たちの視野は、自分に影響を与えるグループや自分自身の経験によって制限されていきます。私たちの信条は、私たちが気が付いていてもいなくても、私たちのあらゆる選択に影響を及ぼします。大胆に真実を言える人になるためには、見えないものを見て、一つの考えに固執せずに、色々な見方を積極的に取り入れることです。「それを見ているために、見えていないものがある。それは何かを考えなさい」とヨギラジ・アチャラは言います。

　カール・ユングは、真実の流動性を理解していました。彼は、あるとき私たちに真実だったことは、時間が経つと役に立たなくなり、

やがて嘘になる、と言っています。真実が時間とともに変わることを、彼は理解していたのです。2歳の時に真実だったことが、17歳の時にも真実であることはないのです。『モダン・マン・イン・サーチ・オブ・ア・ソウル（Modern Man in Search of a Soul）』という本で、ユングはこう言っています。「私たちは、何の準備もせずに人生の午後に足を踏み入れる。さらに、私たちはその時、真実や理想がこれまで通り変わらないという誤った前提と共に足を踏み入れるのだ。だが、午前中の計画に沿って人生の午後を過ごすことはできない。午前中素晴らしいと思えたことは夕方にはそうではなくなり、午前中に真実だったことも夕方には嘘になる」。「不嘘」の教えは、自分自身や周囲と共にいまを生きるために、信条、価値、見解を最新の状態にしておくよう説いています。

　インドには、「アシュラミック・ステージ」と呼ばれる考えがあり、これに真実の流動性がよく描かれています。人生は4つの同等なパーツ、もしくはステージに別れ、そのそれぞれに、理想とされる行動があります。1つ目のステージは、両親からのサポートを受けて成長する時代で、興味や能力があるスキルを極めるステージです。2つ目のステージは、そのスキルを地域のために役立て、賃金をもらい、自分自身や自分の家族を養うためのステージです。3つ目のステージは、所有物や仕事を捨てて、内なる英知を探求するためのステージです。そして、最後のステージは、地域に戻って、得た英知を使って地域の人々を支え、指導するステージです。

　現代の時間の感覚は、もう少し複雑に思えますが、この「アシュラミック・ステージ」から学べることはあります。そのステージの真実に沿って行動を取れているか自分に問いかけ、それぞれの人生の節目で、意義があることをできたか見つめ直すことができます。何かを置き去りにしてきたような感覚にとらわれずに、何かを終わらせ

たり始めたりするのには、儀式を行うことが効果的です。私の一番大きな孫は、最近高校3年生になりました。2年生が終わり、3年生になるという日の前の晩に、クラスメートと集まって、学校の駐車場にチョークで自分たちの名前を書いたそうです。それは、人生のある時の終わりと始まりを象徴する大きなイベントでした。

真実の重さ

　厳格性より流動性を取る「不嘘」ですが、それ自体に重さもあります。「不嘘」を実践する人には太さと重量感があります。ある日、ビジネスパートナーのアンをハグして、私は彼女に太いと言いました。それを聞いた彼女は、私が、何が起ころうと人生を手放さない完全性と大胆性を感じたのだと説明するまで、あっけに取られた表情をしていましたが、彼女の太さを本当に感じることができたのです。いまだに彼女の真髄を感じることができます。アンのように、真実の重さを持つ人間は、不快なことが起こっても、その場から逃げようとはしません。彼らは、真実に直面する瞬間から逃げずに留まることで、それが自分をもっとクリエイティブで責任能力のある人間へと成長させることを知っているのです。「助けて」という微妙なサインを出しながら歩きまわる人間とは異なります。

　人生から逃げ出したり、どうにかコントロールしようと試みたり、あちこちにエネルギーが分散したりしていると、自分の想像、発言、行動に不完全な自分が現れます。いまという瞬間に完全な自分であれば、普段の生活の中だけではなく、難しい出来事が起こっても、それに対処できます。口論をするときもハグをするときも同じ自分であればよいのです。自分自身を飼いならしたり、隠したりする必要はありません。いまという瞬間にある真実に、全身で接すれば良い

のです。それは、対戦相手の体に触れるスポーツに似ています。体の全てを使って対戦し、少々痛い目にあうことを恐れず、それも楽しさの一部とするのです。

　逃げたり、塀をつくったりせずに、無加工な真実をそのまま受け入れるには、とてつもない勇気が必要です。私は、オウグスバーグカレッジの国際教育センターと共に 1988 年に中米を訪れました。そこで私は、真実がどれほど残酷でも、そのまま受け入れようとする意志を見せつけられました。当時、エルサルバドルでは、軍によって何千人もが誘拐、拷問され、その遺体が州立公園に遺棄されていて、旅行をするにはとても危険な場所でした。私は、消息不明の子どもを持つ母親たちと一緒に座りました。彼女たちは、無数の拷問の痕跡を残す、殺された子どもたちの写真をまとめたアルバムを見せてくれました。そのようなことがあって

> 彼らが真実に
> 真っ向から対峙し、
> 正義のために
> 自らの命を危険に
> さらす姿には、
> 何か険しいものが
> あった。
> 彼らはしっかりと
> 人生に参加していた。

も、ここで私は、勇気、愛、喜び、そして、そこにしかない地域の絆を経験しました。彼らが真実に真っ向から対峙し、正義のために自らの命を危険にさらす姿には、何か険しいものがありました。ぞっとするほどの非人道的な行為が蔓延する場所で、彼らはしっかりと人生に参加していたのです。ここでの体験は、私にとっても特別なものとなりました。

　中米からアメリカに戻ってきたとき、とてもショックを受けました。全てが防御されていて、気の抜けたように感じたからです。私たちの文化は、真実を和らげる塀をあちらこちらに作り上げています。また、私たちの文化は、真実を言うという危険を冒すことを嫌がりま

> 私たちは、
> 何をそれほど
> 恐れているのか。
> もし、あらゆる
> 瞬間において
> 真実に接することが
> できれば、
> 自分の生活は
> どのように変化
> するのか想像せずに
> いられない。

す。最近、ピットブルが小犬を殺してしまうという悲痛な現場を目撃しました。その数日後、ピットブルの小犬を売るために、ペットショップの店長が新人店員に、これはアメリカン・テリアと言って売るんだ、と言っているのをペットシップに居合わせた息子が聞きました。真実を隠すために塀を作り上げるという努力は、この国に蔓延する病気のようです。私たちは、何をそれほど恐れているのでしょうか。

真実の力

　マハトマ・ガンディの自伝を初めて読んだときに驚いたことの一つは、彼が、彼の人生は真実の実験だと述べていたことです。非暴力の実験と言うと思っていたのですが、そうではありませんでした。「真実」と述べたのです。この発言は、真実を生きることの力をまさに捉えています。貧しく、植民地支配された国が、非暴力の元に一つになり、自由を勝ち取り、支配的な国がひざまずく。歴史上、最も素晴らしい非暴力革命であることは議論の余地がありませんが、それは全て彼の真実の実験のおかげだったのです。

　もし、あらゆる瞬間において真実に接することができれば、自分の生活はどのように変化するのか想像せずにいられません。

探究のための問い

　以下の質問を自分に問いかけながら過ごし、自己観察の時間を作り、日記をつけることで、不嘘の練習をし、新たな発見をしましょう。これからの1ヶ月間、マハトマ・ガンディのこの言葉を思いながら過ごしましょう。

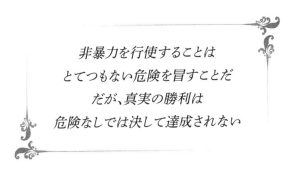

非暴力を行使することは
とてつもない危険を冒すことだ
だが、真実の勝利は
危険なしでは決して達成されない

1週目：「いい人」と「リアルな人」の違いを観察しましょう。自分はどんなときに「いい人」になっていますか。それを観察することで、どのようなことに気が付きましたか。そして、どのような効果を得られましたか。自分はどんな時に「リアルな人」になっていますか。それを観察することで、どのようなことに気が付きましたか。そして、どのような効果を得られましたか。あなたは、誰から、または何から承認を得ようとしていますか。それは、あなたを「いい人」または「リアルな人」にさせますか。

2週目：今週は、自己表現の週としてください。内側に秘めていた希望や夢を外に対して発信するための行動を取りましょう。結果はどうあれ、めぐってきたチャンスに人生をかけるような思いで挑んでみてください。そして、それが自分にどのような影響を与えるか、周りの人はどのような反応を示すか観察してください。自分自身を甘やかしていると感じるのであれば、何を表現しきれていないのか自分自身に問いかけてください。

3週目：今週は、細心の注意を払って、最初から物事を正しく行ってください。この1週間、守れない約束について謝罪したり、過ちを正したり、億劫な仕事から逃げたりずに過ごしてください。勇気を持って、はっきりとした自分でその瞬間と接してください。

4週目：今週は、自分を支持してくれた考えや信条でもう古くなってしまったものを見つけましょう。もう不要になった信条に、気が付かないうちに、しがみついていませんか。その信条が、いまいる場所に連れてきてくれたことに感謝し、それを手放しましょう。手放すとき、自分の中に拒否反応が出るかもしれませんが、純粋な本来の自分に近づけることを祝いましょう。この行いが、エネルギーを開放し、真の自分へ近づかせてくれます。

1ヶ月を通して、真実のために危険を冒すという、ガンディの言葉をじっくり考えましょう。あなたは真実の勝利のために、どれほどの危険を冒せますか。

3つ目の宝石[不盗]

アスティヤ
अस्तेय

なぜ自分の意志を
自分の人生から盗んでしまうのか。
そのままいて、神を愛せば良い。

〜 キャサリン・ラーセン

アスティヤ（不盗）

　最近出席した結婚式で、式を執り行う牧師と話す機会がありました。会話を広げようと、今まで何百と執り行った結婚式のなかで、最後の最後に式が取りやめとなった経験はあるか尋ねました。そうすると、彼はこんな話を教えてくれました。

　結婚式当日、その花嫁は、もうすぐ結婚する相手が、昨晩、自分の花嫁付き添い人と寝ていたことを発見しました。そのことを誰にも話さず、花嫁は何もなかったかのように式の準備を進め、バージ

> アスティヤ（不盗）は、
> 私たちに自分や
> 他人に誠実に生きる
> ことを呼びかける

ンロードを歩き、祭壇の前に立ちました。式は通常通り進み、この結婚に異議があるものは今ここで申し出よ、と牧師は言いました。すると、花嫁が、「はい。異議があります。昨晩の行動によって、私たちの明るい未来を盗んだ男性を信頼して結婚することはできません」と言い放ち、彼女はひとりでバージンロードを戻り、あっけに取られた花婿と参列者を祭壇とベンチに残して、教会を出ていきました。

　この話の花嫁のように、3つ目の宝石、アスティヤは、自分や他人に誠実に生きることを私たちに呼びかけます。自分自身や自分の人生に不満を抱えていると、外側に意識が向きやすくなり、本来は自分のものじゃないものを盗んでしまうことがあります。他人から、地球から、未来から、そして自分自身からの盗み。私たちは、描くままの自分へ成長できるチャンスすら盗んでしまいます。

アスティヤ（不盗）

他人から盗む

　外側に意識が向いていると、自分と他人とを比較し、その人に無駄にエネルギーを注いでしまいます。自分と他人とを比較して、自分には何か足りないと、損をしているように感じたり、自分の方が優れていると、傲慢に感じたりします。自分への不満からくる他人への執着は、自分の満たされないエゴを満足させるために、代わりにその人をコントロールし、操作しようとしているに過ぎません。私たちはよく、他人の話や、成功、そして経験にどこか勝るところを見つけて、自分が優れていることを主張しようとします。それは、自己満足のための行為でしかありません。

> 自分と他人とを
> 比較して、自分には
> 何か足りないと、
> 損をしているように
> 感じたり、自分の方が
> 優れていると、
> 傲慢に感じたりする

　例えば、誰かが計画中の旅行のことを楽しそうに話しているとします。その話を、自分が予定しているもっと異国情緒溢れる旅の話にすり替えたことや、すでにその場所に行ったことがあると、その人に向かって言ったことはありませんか。どちらの発言をしても、会話の主役を自分と自分の旅行にして、その人の楽しみな旅行の話を盗んでいるのです。他人の成功についても私たちは同じことをします。また、誰かが亡くなったときもそうです。例えば、誰かの母親が死んだとします。そうすると私たちは、自分の母親を亡くしたときの話を出して、その人のいまに寄り添う代わりに、その時間を自分のものにしてしまいます。

　また、私たちは、相手に意識を向けなかったり、無視をしたりして、

59

その人から盗みを働きます。どの状況においても、私たちが他人から盗みを働くとき、私たちはその状況をその人のものではなく、自分のものにしてしまいます。何かを言うのも言わないのも、相手のためではなく、自分のためにしているのです。私たちは、自分自身や自分の生活に不満があると、他人を道連れにしようとしたり、嫉妬心から皮肉を言ったりします。その人のことを心から気にかけていれば、その人を支持する思いやりのある表現がおのずと出てくるはずです。

ヨギ・バハンの元で修行をしていたとき、彼はよく「周りの人をいつも持ち上げるようなフォークリフトになりなさい」と言っていました。他人と対峙するとき、その人は自分といることで持ち上げられたように軽く感じるか、それとも、何か大切なものを盗られるように感じるか、自分に問いかけるべきです。相手の話を聞くことによってその人の1日を明るくできたでしょうか。相手を心から褒めて、純粋にほほ笑むことができたでしょうか。

地球から盗む

他人から盗むだけでなく、私たちは地球からも盗みます。私たちの本質は、人間の体に間借りしている魂。私たちは、人間の体への訪問者であり、この世界への訪問者です。友人の家へ晩ご飯を食べにいって、気分が悪かったからといって、食事に文句をつけて、ゴミを片付けずに、ろうそく立てを倒したりはしないでしょう。なのに、私たちはそれをこの世界に対して行っています。

私たちは皆、この場所、体、そして思考への訪問者です。魂としての私たちは物理的な物を何も所有できない、ということを理解し、訪問者であることに感謝しなければなりません。所有すること

アスティヤ（不盗）

は、盗むことになります。私たちは何に対しても、「私の」と言います。私の家、私の車、私の服、私の子ども。私のタイヤがパンクして、とまでも言います。所有の概念は、私たちの言語や文化に根強く、物理的な物を何も所有できないという事実に感謝するのが難しいことは確かです。ですが、この教えは、私たちが所有して

> 何かを
> 手に入れる度に、
> 何かお返しをすれば
> どうなるか

いると思うものは、全て私たちが借りている貴重品だと思うように、説いています。そしてその借物を大切に扱うように言っています。

　この地球上、恵まれている人とそうでない人の差は広がり続けています。地球上の物を均等に分けることは不可能だとわかっていても、飢えに苦しむ子どもやホームレス生活を強いられる老人がいるのは、何かおかしいと、誰もが感じていることでしょう。神学者ウォルター・ブルッグマンは、この地球上の恵みは社会のためであり、個人のためではない、と言います。私たち一人ひとりがこの言葉の意味をしっかりと理解し、「私の」と思う物を社会のために役立てれば、どれほどこの世の中は変わることでしょう。

　「不盗」が教えてくれるのは、本来自分のものじゃないものを盗まないことだけではありません。私たちは生まれる瞬間に、生命という贈りものを貰い、貸しをつくっています。古いベーダ教の聖典には、お返しをせずに何も貰ってはいけない、と書かれている一節があります。何かを手に入れる度に、何かお返しをするとどうなるでしょうか。ベーダ教の聖典はゴミを返せと言っているわけではありません。正しい姿の相互依存について語っています。

未来から盗む

地球から盗むだけではなく、私たちは、未来や私たちの子ども、そして孫から大きな盗みを働いています。しかもその盗みは、途中停車なしの、ブレーキが壊れた電車のように加速しています。それでも私たちは満足することなく、埋めようのない大きな穴のようになっています。体についた無駄な脂肪、過密なスケジュールが書き込まれたカレンダー、クローゼットに入りきらない服。こういったものは全て、明日がないかのように生きている象徴で、自分がいなくなった後に残される人のことを全く考えていない証拠です。

私たちは、感謝の気持ちをなくしてしまったのでしょうか。週末、友達の家で、おいしい料理と楽しい余興を楽しんで、感謝の言葉を一言も言わずにその場を去るようなものです。今ないものや、将来ないかもしれないものに私たちは意識し過ぎて、目の前に十分にある物を見逃しがちです。

立ち止まって、自分の目の前にある物を見て、美しいものの不思議や変わりゆく季節を感じられれば、心から、生きていることに感謝できます。このようなときに生まれる感情は、私たちが生を受けたことへの感謝と、未来へお返しをしたいという思いです。そして、私たちには、例え7世代後でも役立つような正しい決定をする智慧が、あらかじめ備わっています。

スティーブン・ディエツの『ハンディング・ダウン・ザ・ネームズ（Handing Down the Names）』という演劇を最近、鑑賞しました。ドイツ人の祖先がドイツを離れてロシアのヴォルガ川流域で農家になり、最終的にはその子孫がアメリカに移住するという、200年にも渡る話です。人々の強さ、愛、そして未来の世代への

希望が表現されている、奥深い話です。ディエツは、「私の祖先は何世代にもわたって甜菜を摘んできた。だから、1995年となった今、私は言葉を摘んで、ストーリーを語ることができるんだ」と言います。

　強い感情を抱きながら、劇場を後にしました。私たちの祖先は、私たちのためにとても苦しんできたのです。未来の世代のことだけを思って、想像を絶する苦難に耐えてきました。美しい地球とより良い未来のために命を捧げてきました。それを考えたとき、自分の人生は、深い愛情の上に成り立っていることに気が付きました。祖先への感謝と、自分がここにいる奇跡を忘れずにいれば、自分やその子孫の命の尊さを忘れることはありません。過去から受け継いだ血筋を未来へつなげる重要な役割をいま託されているのが私たちです。私たちは、次の世代のことを意識しなければなりません。

> 孫とその友人たちは、彼女たちではどうすることもできない、大きなゴミを受け継いでいる

　ある朝、10代の孫と数時間かけてじっくり話すことがあり、その夜、祖先や今後の世代について考えました。話のなかで、孫は、彼女に何が起こっているかを彼女の見解で話しました。彼女や彼女の友人たちの意見では、彼女たちではどうすることもできない、大きなゴミを受け継いでいるのです。化学のクラスでは、核の破壊力や、核燃料の半永久的な保存期間や、廃棄の難しさについて学びました。また、違うクラスでは、アメリカを嫌ったり恐れたりする世界の情勢について学びました。もう一つのクラスでは、遺伝子研究において迫られる挑戦と選択について意見を交わしました。彼女が続ける限り、私は頭を抱えて「ごめんなさいね。こうあるべきではないわ」としか言えませんでした。心がとても重く感じました。

自分自身から盗む

　他人、地球、そして未来から盗むだけではなく、私たちは自分自身の人生からも盗みを働きます。特定のイメージを自分に押し付けることで、自分のユニークさを表現する術を盗んでいます。要求や期待に応えるよう自分に強いていると、私たちは、自分の情熱を盗みます。自分への妨害、疑心、低い自己評価、判断、批判、そして完全主義は生きる力の源を破壊する自分への虐待です。過去や未来にとらわれて生きることも、自分自身からの盗みです。また、自分の所有物や理想の周りに、実際のまたは想像上の塀を張り巡らせることでも、自分が広がる可能性を自分自身から盗んでいます。

　私たちの社会では、私たちの個性は達成した成績や仕事に結び付けられています。自分の役割が書かれたバッチを、皆が見えるように、シャツにつけて歩いているようなものです。次のことをやろうと焦るなか、私たちは物事を消化して吸収する時間を自分に与えません。これが自分に対して行う一番大きな盗みかもしれません。私たちには、自分自身に追いつく時間が必要です。経験を噛みくだいて消化し、自分の一部にする時間が必要です。休憩を取って、ふりかえって、ゆっくり考える時間が必要です。

> 休憩して、
> ふりかえって、
> ゆっくり考える
> 時間が必要

　これは、自分自身、忙し過ぎる日々を送っていたときに実感しました。3年間、猛スピードで働き続け、ある朝、今まで自分がしてきたことにアクセスできないという感覚に襲われたのです。それは、今までに感じたことのない不思議な感覚でした。表現するのが難しいですが、今までどこにいたか、何をやってきたか思い出せない、そ

アスティヤ（不盗）

んな感じです。自分にはもうついていけなかったのです。自分に負荷を与えすぎて、システムが停止してしまった状態でした。その3年間、自分の生活を省みて、得てきた経験を自分に統合する時間を全く取っていませんでした。ただ、次へ次へと猛スピードで進むだけでした。立ち止まって、自分の経験を吸収する時間を取らなかったため、せっかくした経験はどこかへいってしまいました。私は、この期間の経験を自分から盗んだのです。

意識の向け先を変える

　小さい子どもは、ある年頃になると、他人が持っているものを欲しがります。それが何であろうと欲しがるのです。ですが、世の中を見渡してみると、多くの大人がこの幼児期の何でも欲しがる性質をそのまま持っているようです。アスティヤ（不盗）の教義は、意識の向け先を他人から自分へと変えるように説いています。自分の人生の可能性にワクワクすることを勧めています。自分が興味のあることを学ぶと、意欲がわき、自分を高める喜びを感じることができます。自分の

> 意欲がわき、
> 自分を高める喜びを
> 感じていれば、
> おのずと世の中の
> 役に立つことができ、
> 世の中から
> 盗むことはなくなる

才能やスキルを可能な限り活かせば、おのずと世の中の役に立つことができ、世の中から盗むことはなくなります。意識の向け先を変えることについて、次の例がわかりやすく表しています。

　インドでは、大きな祭りがある度に、シルクや宝石で着飾った象が、神様の肖象を背に乗せて狭い道を練り歩きます。その道路沿いには、無数の商人がおいしそうなお菓子や光り輝く宝石を並べま

す。元々好奇心が強い象は、鼻を四方八方へ伸ばして道に並ぶ光物やお菓子を掴もうとします。当然のごとく、周りはグチャグチャになります。象の冒険好きな特性を理解しているトレーナーは、タケノコを象に与え、象がタケノコの周りに鼻をまくよう操ります。象はタケノコを鼻で抱えながら歩くようになり、パレードはスムーズに進みます。

　私たちはこの象に似ています。何が欲しいかわからなかったり、それを追いかける勇気がなかったりすると、他人がやることの全てが妬ましくなります。そして、他人の達成や所有物を熱望するようになります。自分の夢や、目指す姿から横道へ外れてしまうのです。ですが、自分の夢を達成することに集中していると、タケノコを持った象が光物やお菓子に心を乱されないように、私たちは落ちついて前進できます。私たちの「タケノコ」を持つことで、自分の能力を高め、欲しいものを得るための準備を整えていくことができるのです。

能力を高める

　夫は、以前、４年ごとにテレビにしがみついてオリンピックを見ていたそうです。ポッチャリとしたお腹にマヨネーズをこぼしながら、普段以上の量を食べ、カウチソファに何時間も座りこんで、次のオリンピックゲームがある頃には、引き締まった体でアメリカを代表する優秀な選手になるのだと、自分に言い聞かせていたそうです。そして、次のオリンピックが始まるころ、彼はまだカウチソファで視聴者としてゲームを見ていました。

　サンスクリット語の「アディカラ」は、知る権利、または持つ権利と訳されます。この言葉は、もし何か欲しければ、まずそれを得る能力

アスティヤ（不盗）

を持ちなさいと、説いています。上の話のように、どれだけ夢や希望を持っていても、実際に手に入れることができるのは、それを得て保持する能力が自分にあるものだけです。それ以外は盗みです。

　宝くじで大金があたっても、次の年にはお金がなくなってしまう人がいます。また、大きな会社を経営する力がなかったために、会社を倒産させてしまう社長がいます。どちらのケースにおいても、彼らは盗んでいたからです。彼らは、自分の能力が許す以上の物を得ようとしていたのです。人生において得られるものは、私たちの能力と比例します。夢や希望と比例するとは限りません。

　能力というのは、自分の前に何があるか見る能力も含みます。私自身、一生懸命働き、祈っているのに欲しいものが得られない、と思っていましたが、いま振り返ってみると、一生懸命働き、祈って欲しがっていたものは目の前にあることを見る能力に欠如していました。そのため、結局それを得ることができなかったのです。

　水切り用のザルは、アディカラの良い例です。私たちは、何かを熱心に探し求めますが、ザルのように、私たちが穴だらけであれば、欲しいものを得ても流れ出てしまいます。アディカラを得ることは、欲しい物に対して能力を高めること、つまりザルの穴を塞ぐことです。能力を高めるには、実践と学びが必要です。

　欲しい物を得られるように自分を準備することは、楽しくもありますが、それにかかりっきりになる程の大仕事です。自分を被害者と思うようなストーリーは捨て、自分の人生に責任を持たなければなりません。例えば、今お金が欲しいと思っているとします。でも、もしそれを得ることができたら、使い道は決まっていますか。アスティヤ、不盗は、自分が欲しいと思うものに対してしっかり面倒を見るように説いています。お金や投資について学び、自分が持っているお金について理解し、準備し、寛大になれる余裕を持つ。欲しいと

思うもののアディカラをまず得ることです。

　『マイ・ビッグ・ファット・ウェディング』という愉快な映画を観たことはありますか。ニア・ヴァルダロスは、ギリシャ人ではない夫を持つ、ギリシャ系の売れないコメディアンでした。ある晩、トム・ハンクスの妻、リタ・ウィルソンは、ニアの漫才を観て、とても気に入り、彼女の話が素晴らしい映画になるに違いないと確信したそうです。この時、ニア・ヴァルダロスは準備ができていました。彼女はすでに、映画の脚本を書いていたのです。ニアはこう言っています。「リタ・ウィルソンはギリシャ人で、私のショーに来て、これは映画にすべきだと言ったので、私は彼女に脚本を渡しました。その後、リタの夫、トム・ハンクスがショーに来て、私を呼びつけて、"君の映画を作るよ。君がその主役を務めるんだ"と私に告げたのです」。ニア・ヴァルダロスは準備ができていました。

　自分が切望する願いを収容する準備が自分にできていない場合、私たちは、不正に、そして破壊的に盗みを働きがちです。この宝石は、真に欲しい物に集中し、それを得るための能力を高めることを勧めます。「欲しい物を手に入れる準備はできている？」と私たちに問いかけます。この宝石はまた、助言者や、その分野の先駆者を探し、アドバイスを請うことを勧めます。そして、新たなことを学ぶ楽しさへと私たちを案内してくれます。目指す分野で自分より先を行く人、長けている人、そしてときに革新的な人を見つけ、その人から学ぶことで、自分の不足部分を埋めることができます。そして、その人たちから盗むことがないよう適切にお礼をすることも大切です。

　私は、忙し過ぎる日々が続いて、どうやって遊ぶのか思い出せなくなった時期、10代の孫を遊びのコーチとして雇いました。彼女は、遊びのシナリオを考えることを楽しんだだけではなく、遊びの宿

題を私に出すことも楽しみました。そして、彼女はおばあちゃんのコーチとしてお小遣いをもらいました。私はというと、新しい冒険と楽しみを見つけ、孫との絆を強めることができました。

　ジム・ストーヴァルの『究極の贈りもの』という本の中で、一代で巨額の富を築いたレッドは死に瀕します。会社や投資、その他資産の処理について頭を悩ませるレッドは、自分の家族が、お金に甘やかされ、自分勝手で、欲にまみれていると判断します。そして、レッドは彼の孫の一人を改心させることに決めます。レッドが死んだ後、彼の遺書は、遺産相続を期待する家族に読まれますが、それを聞いた家族は皆、激怒します。ただひとり、孫のジェイソンは、12の任務を与えられ、それを全て遂行できた暁には、遺産を相続できるようになりますが、ただ相続できる遺産の額は任務を遂行するまではわかりません。気が進まないながらも、ジェイソンは、任務を一つひとつ完了させ、仕事、友情、サービスの価値などを学びます。そして、最終的には、全く違う人間へと改心します。投資王の巨額な富に甘やかされた子どもだったジェイソンが、能力とハートのある、熟練したリーダーとなり、何百万ドルものお金を人々や社会貢献プロジェクトに投資できる人間となるのです。この話を読んだことがない人もいると思うので、これ以上言いませんが、結局、ジェイソンが相続する額がいくらになるかは、ジェイソンにも私たちにもどうでもよくなるのです。

　上の話のように、ジェイソンの祖父は、彼の孫が一つひとつ任務を遂行させていけば、それが彼を成長させ、何百万ドルもの投資を扱える人間になれることを、予測していました。人生とはこのようなものではないでしょうか。私たちに任務を与え、成功すれば、私たちをより重要なことを扱える人間へと成長させてくれる。そしてジェイソンのように、私たちはその任務を、思いやりや能力を成長さ

せるチャンスとは思わずに、人生の障害物だと勘違いしがちです。ジェイソンの祖父は、何かを蓄積してさえいれば満足を得られるわけではなく、それは人間としての価値や能力の蓄積でなければいけないことを理解していました。「不盗」という宝石は、私たちに、人生のなかで能力を高めることを勧めています。

　盗むことは、自分や他人に痛みや苦しみを与えますが、能力を高めることは、喜びや可能性への扉を開きます。盗むことから意識をシフトさせて、自分が価値のある人間に成長できるよう、人生をかけて努力することは壮大な挑戦です。

アスティヤ（不盗）

探究のための問い

　以下の質問を自分に問いかけながら過ごし、自己観察の時間を作り、日記をつけることで、不盗の練習をし、新たな発見をしましょう。これからの１ヶ月間、アルベルト・アインシュタインのこの言葉を思いながら過ごしましょう。

1日に100回、自分に思い出させることがある
自分の内なる、そして外なる生活は
過去を生きた、そして今を生きる
人々の労働のおかげだ
そして私は自分が与えられた、
そして与えられる能力を
最大限に発揮するために、努力し続ける

1週目：今週は、時間や注意を他人からいつ、どのように盗んでいるかを観察してください。相手を出し抜いたり、他人の力や自信を奪ったり、その人の成功を心から祝えない場合も同じです。あなたに起こっているどんなことが、その盗みをさせているのでしょうか。次に、「フォークリフト」になる練習をしてください。あなたと接する誰もが持ち上げられる感覚を持つように、努力してください。

2週目：今週は、地球や将来から盗みを働く自分を観察しましょう。同じ価値の物を返さずに何を盗んでいますか。今週は、地球と正しい相互関係を築き、未来のことを考えながら過ごしましょう。

3週目：今週は、所有者としてではなく、この世界への訪問者として生きましょう。公園、図書館、コンサートや夕日など、所有しなくても楽しめるものがどれだけあるか注意して見ていきましょう。

4週目：今週は、自分の夢や目標について考えます。そして、それに到達するための知識や、能力をつけるために何をすべきか（何を勉強すべきか、何に挑戦すべきか）、リストにまとめてみましょう。アディカラを得るために何を行うべきか考えます。

1ヶ月を通して、アルベルト・アインシュタインの言葉をじっくり考え、自分が与えられたものに感謝し、お返しをしながら生活しましょう。

4つ目の宝石 [不過度]

ブラフマチャリヤ
ब्रह्मचर्य

闇と混沌の中に、
黄金の蓮が咲く──神の恵が我らを待つ

〜 キャサリン・ラーセン

ブラフマチャリヤ（不過度）

　小さい頃に見たコマーシャルで、今も鮮明に覚えているものがあります。みすぼらしい男性が、これでもかというほどの食事を摂り、その後、はち切れそうなお腹の膨張感に苦しみながら、「これ全部食べたの信じられない」と惨めそうに言うのです。このコマーシャルをよく覚えているのは、その頃自分も怠慢な生活を送り、その後の不調によく苦しんでいたからでしょう。食べ過ぎからくる胃もたれ、働き過ぎからくる疲労感、そして寝過ぎからくる倦怠感は日常茶飯事でした。不節制の結果、信じられないと思うような行動を繰り返し、上のコマーシャルの「これ全部食べたの信じられない」に近い言葉を自分につぶやいていました。そして怠慢をした結果が、素晴らしい時間を壊していくのを後悔しながら見るだけでした。

　食事、仕事、運動、睡眠のどれでも、過度に行うことは、生きることの神秘を忘れることです。4つ目の宝石、ブラフマチャリヤは、文字通り解釈すると、「神と歩く」となります。この宝石は、生きることの神秘に常に意識を置くことを勧めます。この教えは、欲と不節制を捨て、何事も過度に行わず、驚嘆と畏敬の念を忘れずに、いまという瞬間に純粋な心で参加することを説いています。

　「不過度」は、貞潔や禁欲と解釈されることが多いですが、それは「不過度」に含まれる一つの解釈でしかなく、その教義はもっと広いものです。性欲についてもこの教えは説いています。性欲を過度なものではなく、神秘的で生命を生み出すものとすることを勧めています。

　最近行ったインドへの旅行で、私は、ヒマラヤのその地域に初めてトレッキングなどのアウトドア・アドベンチャーを紹介したタクール

という青年に出合いました。彼は、成功を収めているビジネスマンで、長時間忙しく働いていました。彼は裕福でしたが、町外れにある父親が建てた家に住み続けていました。この家の扉は胸元ほどの高さで、家に入るには、頭を下げなければならないのですが、この単純な動作が、尊厳を彼に思い出させてくれるのだと、彼は言います。そして、平和で安らかな晩のひと時と睡眠をもたらし、翌日の会議に必要な心の準備ができるのだそうです。

> **ブラフマチャリヤは、怠慢ではなく、尊厳を持って一日を始め、一つひとつの動作を行うことの大切さを私たちに説いている**

　ブラフマチャリヤは、この低い扉のようなものです。怠慢ではなく、尊厳を持って一日を始め、一つひとつの動作を行うことの大切さを私たちに説いています。そうすることで、不節制からくる惨めさではなく、神秘への驚嘆の念と共に一日を過ごすことができます。

不過度─怠け心の制御

　物で埋めつくされた物置やガレージ、スーパーに並ぶ使い捨てプラスチック製容器、国民の肥満者数、そしてゴミ処理場の不足。これは、私たちが皆、過度な生活を送っているというサインです。私たちは、セックスをし過ぎ、食べ過ぎ、働き過ぎ、寝過ぎ、娯楽をし過ぎ、買い過ぎ、精神的な世界も過度に追いかけます。私たちは、「十分」というコンセプトから最もかけ離れている国民かもしれません。

　ヨガの教えでは、行っていることが「十分」の境界線にピタリと達する瞬間があると言われています。例えば食物でいうと、ある程

度食べる分にはそれからエネルギーと生命力を得ることができます

> ヨガの教えによると、行っていることが「十分」の境界線にピタリと達する瞬間がある。この「ちょうどいい」瞬間を見つけることが大切。

が、あるポイントを超して食べると、食べ過ぎというマイナスな方向へ働きます。ゆっくり注意をしながら食べることで、「ちょうどいい」に値するポイントを見つけられます。この「ちょうどいい」瞬間を見つけることが大切

です。なぜならそのポイントを過ぎてしまうと、過度な領域に入ってしまうからです。この法則は私たちが行うことの全てに当てはまります。

先日私は、孫のアリカがこの「ちょうどいい」を実践するのに遭遇しました。アリカがスクランブルエッグを食べたいと言うので、彼女が好きなように私は作りました。アリカはそれを勢いよくたいらげ、おいしいと言いました。そして、もっと食べたいと言いました。2皿目のスクランブルエッグを私は作り、同じことが繰り返えされました。彼女は、3皿目を満足そうに食べ始め、半分ほど食べたところで、「おばあちゃん、この卵変な味がする。何かおかしい」と言ったのです。お腹が一杯になったので、今まで食べていた物がおいしくなく感じるなんて、なんてこの子は自分自身の状態に注意ができているのだろう、と私はびっくりしました。

なぜ私たちは、十分を通り越して不節制をしてしまうのでしょうか。ヨガの教えによると、それは、私たちの脳が作りあげる思考が食物や行動を介して感情と結びついているからです。例えば、体が乾きを満たそうとしていると、この単純要求に対して、思考が、余計なことをします。グラス1杯の水で満足できることなのに、思考は、複雑に乾きと関連する、満足または不満足な感情を記憶の

ブラフマチャリヤ（不過度）

中から掘り起こします。体の単純な要求に感情が結びついてしまうとやっかいです。気づかぬうちに、感情と結びついたそれを、私たちは何度も中毒症のように欲しくなるのです。

> なぜ私たちは、十分を通り越して不節制をしてしまうのか

　ビジネスパートナーのアンと私は、一時期、チャイを毎日のように飲んでいました。それは、共に楽しみながら忙しく働いていた時期でした。喉の乾きを潤す目的だったチャイが、いつしか自分たちへの報酬、ご褒美となり、私たちは、チャイがないと満足できないようになったのです。チャイを一杯飲むごとに、友情の素晴らしさや仕事をやり終えた達成感を得ようとしていたのです。チャイを飲むことは悪いことではありません。とてもおいしいものですが、私たちは、私たちがチャイを飲んでいるのではなく、私たちがチャイに飲まれていることに気が付いたのです。喉の乾きを潤す単純な飲物だったはずのものに、私たちは中毒になっていたのです。私たちの思考は、私たちにチャイ自体を楽しませる代わりに、報酬を感じたいという要求の満たすために、チャイを飲ませていたのです。

　自分がやり過ぎたり、取り過ぎたりするものについて省みるには、体と対話することが大切です。そして、体の要求と思考の作り話とを切り離して考えることに上達していかなければなりません。ときに、悲しみという感情に向き合うことも必要です。この感情が思考の方にいくと、特定のことをしたい、または特定のものを食べたいという衝動に化けることがあります。私の母が亡くなったとき、このことを実体験しました。生前の母との楽しみは、夜遅くまで起きて、アイスクリームを食べながら映画を観ることでした。母が亡くなった後、私は夜遅くにアイスクリームを食べながら映画を観たいという「衝動」に駆られました。体に聞くと、私の体は疲れ果てていて、

77

お腹は満たされていました。実際のところ、私は母に会えないことがとてつもなく悲しく、その悲しみという感情に向き合わなければならなかったのです。映画とアイスクリームは、自分を疲れさせ、胃に過度な食物を残すだけで、母に会えないことは悲しいままでした。私は、思考の作り話と体の要求とを切り離して考えて、気が済むまで泣くべきだったのです。

　私たちが生きる目的の一つは、喜びや楽しさを感じることです。中毒状態に陥らずに、喜びや楽しさを感じているのであれば、ブラフマチャリヤを実践できています。思考が作り上げた話が膨らみ、快適な体の状態を通り越していくようであれば、私たちは中毒状態にあり、この教えを実践できていません。「不過度」は楽しんではいけない、という教えではありません。実際は、楽しさと喜びを可能な限り感じるための教えです。私たちは、自分がそれを食べているのか、それとも自分が食べられているのか、自分がそれを行っているのか、それとも自分が行われているの

**体の要求と
思考の作り話とを
切り離して
考えなければならない**

か、やり過ぎたり取り過ぎたりせずに楽しみを感じられるか、と自問自答すべきです。そして、この質問に答えるとき、体の要求と思考の作り話とを切り離して考えなければなりません。（確証は持てませんが、砂糖、塩、そしてカフェインは、レタスより、思考の作り話を助長するようです。）それから、私たちは、食物やセックスの慰めに頼ることなく、悲しみや、嘆き、失望といった感情に勇気を持って向き合わなければなりません。

　ニカラグアを訪れたとき、ニカラグアの内務大臣が国内政治について話すのを聞く機会がありました。当時、ニカラグアで布教活動をするためアメリカからの大規模な派遣団が渡っていました。布

教活動の一つとして、その日、集会に豪華な料理が用意されました。このような場に積極的に参加しない内務大臣は、その豪華な料理に対してすぐさま、「胃袋の微生物を喜ばし過ぎると、まっすぐ考えられないもので」と言いました。薪を積み過ぎると火種が消えてしまうように、怠慢は私たちの生きる力を弱らせて、消してしまいます。「不過度」を実践することは、私たちの中にある生きる力を守り、讃え、明瞭さと尊厳を持ちながら生きることです。

　中毒、不節制、怠慢が自分の生活に蔓延してしまった場合は、断食や貞潔、禁欲を実践することで、また十分な喜びを感じられる状態へと自分を戻せます。断食と貞潔は、自分を制し、自分の軸を見つけ、無駄なものを排除するとても効果的な練習法です。自分自身やパートナーが病気になり禁欲や断食が強いられることがあれば、それは、これまでにない浄化の機会となります。自分が過度になる傾向を見つけ、思考がその傾向に関連付けてどんな話を作りだしているか観察できるでしょう。

神と歩く

　ブラフマチャリヤは、過度に物事を行わずに、神の存在を感じながら、つまり、神秘を感じながら生きることを勧めます。この教えは、見るものや体験することの全てに神秘を見つけることで、神秘にあふれた生活を送ることを勧めています。万物を神秘的なものと崇めることができますか。自分自身を神秘的な存在と崇めることができますか。少し立ち止まって振り返ってみると、私たちはほんのささいなことに心をかき乱され、喜んでいます。木々を通り抜ける風、空の色、愛する人に触れられる感触、子どもの笑顔、そして親友と過ごす特別な時間。どれも、私たちの心を十分に満たしてく

> 万物を神秘的なものと
> 崇めることができるか。
> 自分が神秘的な存在と
> 崇めることができるか。

れます。こういった満足感は、過度な物事より控え目ですが、じわじわと心に広がっていきます。

少し立ち止まって日々の生活をよく観察すると、物事において私たちより高い知性が存在していることに気が付きます。私たちは、美しいタペストリーに織り込まれる糸の色で、織っているのは、私たちより高いところの誰か。この織師の設計図を知りたいと私たちは願っています。織師は、私たちにとって重要な物とそうではない物、大切な人とそれ以外の人との間を織りつなぎます。そして、私たちは、純粋な心を養い、普段の生活に神秘を見つけられるようになることで、つながれた物や人の全てを大切に思えるようになります。マスメディアや文化には様々な意見が存在しています。それは互いに分裂し、優劣を付けています。私たちのエゴも同じです。分裂し、互いに優劣を付けています。ですが、私たちは、織り込まれた複数の糸が形成する全体像を崇め、全てを大切に思うべきなのです。

純粋な心で物事を見ることは、純粋な心で行動することにつながります。私たちは、立ち止まって感謝する必要があります。心を開いて驚嘆する必要があります。感謝と驚嘆が心にあれば、不節制をすることはありません。万物に神秘を見つけられれば、地に足をつけた人生を送り続けることができます。不節制は、私たちに過度に物事をさせ、手を伸ばさせ、しまいに自分を壊してしまいます。万物に神秘を見つけられれば、地に根を下ろして、バランスが取れた生活を送ることができます。

物事に驚嘆できなくなり、全てがつまらなく感じるときは、自分が長期間に渡って忙し過ぎるときだと、私は最近気が付きました。自分の限界を押し過ぎて、バランスが取れなくなっているときです。

このようなときは、休憩が必要です。休憩がしっかり取れていれば、いつもと同じでつまらないと思えることは一つもありません。全てが神秘的に輝きます。ただ、一日ゆったり過ごしても、森の中に逃げても、真の意味で

> 純粋な心で
> 物事を見ることは、
> 純粋な心で行動する
> ことにつながる。
> 感謝と驚嘆が心にあれば、
> 不節制をすることはない。

自分に休憩をさせるのは難しいものです。できない理由が数多くあります。エゴは、自分がすごいと思うのが好きです。休憩していると、すごいと思うことができません。また、エゴは、たとえ数時間であっても、自分なしで生活がスムーズに回ると思うのが大嫌いです。物事が起こっているところに存在したいのです。それだけではなく、常に物事が起こっている社会において、やるべきことはいつも山積みです。

　そうであっても、文明の届かない所に逃げ出して、これでもかというほど入ってくる刺激や、自分自身に課している仕事を投げ出したい、と感じることがあります。静寂から学び、自分が魂と一緒にあるか確認したい。刺激を和らげ、自分をかわいがりたい。何もしないで、それが十分だと言われたい。休憩を取ることで、神秘を讃える心を回復させることができます。休憩という単純な行動を通じて、私たちの目に前には驚嘆する光景が広がり、心は感謝の気持ちで満たされます。

　織師という神が織りなすタペストリーは、複雑で緻密で、想像を超えるほどきらびやかな作品です。見るものを驚嘆させ、感謝させるような作品です。ブラフマチャリヤという宝石を実践することは、神の聴衆となり、神の作品を見て驚嘆する時間を取るように、一日の過ごし方を調整することでもあります。つまり、生活の中に

儀式や神のリズムを取り入れることです。例えば、キャンドルに火を点したり、祈りの言葉を唱えたり、脚をマッサージしたり、ハイキングをしたり、愛する人の背中を撫でる。こういった時間を持つことで、尊さや神秘さを体験できます。

また、神の聴衆になることは、時計の時間から、神聖なリズムに移行することでもあります。私は、1ヶ月の長期休暇を取り、湖畔沿いのコテージで一人で過ごしたことがあります。この時、このリズムの移行を感じました。その1ヶ月の時間のどこかで、私は気が付いたのです。時計が次のやるべきことを示し、習慣が私の時間を操る代わりに、「神の鼓動」と私が呼ぶ、宇宙のリズムが私の周りで刻み始めたことを。私はハイキングやカヤックをし、食べて、寝て、読んで、書き、いつもの練習をしましたが、それは一つひとつの動作や達成事項というより、全体があるリズムに刻まれていくようでした。自分が、神の心臓の細胞の一つになって、神の心臓に動かされている感覚でした。やること、やらないことの全てが、調和のとれたリズムの元に動いている感じでした。

神秘のリズムは、時計の要求と全く異なることを、この1ヶ月で学びました。神の時間は、私たちの脳では論理的に理解できません。計画性はなく、履歴も残りません。ですが、それでも洗物は全てきれいになり、ご飯も料理されているのです。それは、どこか違う場所から起こるのです。何日か、何時か、何度かわからなかったとき、何か高いところの知性が次に取るべき行動を教えてくれました。動こうとせずに動き、目の前に見えたのは美と神秘でした。予定やスケジュールは作りませんでした。そして、そこにあることと何かをすることは、少しずつ混ざり合い、一緒になっていきました。その瞬間にあることを純粋に喜ぶということ以外に、目的はありませんでした。これが神の鼓動でした。

ブラフマチャリヤ（不過度）

　その１ヶ月から戻り、私は今まで通りに腕に時計を着け、携帯を持ち、私のパソコンはスタンドバイモードになりました。そうして、「この国では、あなた方は神様を腕につけるのね」というヴィマラナンダの批判めいた発言を思い出しました。ブラフマチャリヤの教えは、時計のような文明を、その文明に使われることなく、社会の要求や期待をうまく処理するために、使いこなせるのかと私たちに問います。文明のなかにいても、神の細胞として、宇宙のリズムを感じることができるでしょうか。

　私は、自己啓発本を何冊も読み、それから多くのことを学んできましたが、人類について最も深く理解させてくれ

神秘を感じながら
生きる練習を
重ねるうちに、
不節制に支配される
ことが減る

るのは、神秘的な事象だと思います。「神秘を感じながら生きる」練習を重ねるうちに、不節制に支配されることが減るでしょう。神がもたらす本物の褒美を一度味わうと、過度な物事という見せかけの物に対する興味が薄れていきます。

　神の聴衆となることは、ステージの中央から立ち去ることでもあります。自分がいつも注目の的である必要や、活動の中心人物である必要はありません。自分が特別だと感じるために、私たちはどれだけおかしな行動を取っていることでしょう。忙しさが世間や自分を感心させるのではないかと、私たちは、忙しさを勲章のように掲げて生きています。「やることリスト」をどれだけチェックできたかに満足して、夜寝つく人はどれだけいるでしょうか。誰かに「すごい」と言われたことや、誰かを「助けて」あげたことに満足して夜寝つく人はいないでしょうか。私たちの誰もがステージの袖を通り、ステージの中央は神に譲ってはどうでしょう。そうすれば、達成感の代わりに、神の演劇の聴衆となれたことに驚嘆の念を持って夜寝つ

> 「世界は何を必要として
> いるか自分に聞くのは
> やめなさい。
> 自分をイキイキとさせるものは
> 何か、自分に聞きなさい」と
> ハワード・サーマンは言う。

くことができます。

　ブラフマチャリヤの教えは、私たちは、イキイキと生きるために生まれてきたのだと思い出させてくれます。不節制により、生きる力や情熱を弱らせ、消してしまうのではなく、生きる力や情熱を最大限に活かすのです。ブラフマチャリヤは、生命の神秘を感じながら生きることを勧めています。生きる情熱の大切さについて、著名な説教師ハワード・サーマンはこう言いました。「世界は何を必要としているか自分に聞くのはやめなさい。自分をイキイキとさせるものは何か、自分に聞きなさい。そして、それをやりなさい。なぜなら、世界が必要としているのは、イキイキとした人間だからです」。

探究のための問い

　以下の質問を自分に問いかけながら過ごし、自己観察の時間を作り、日記をつけることで、不過度の練習をし、新たな発見をしましょう。これからの1ヶ月間、神話学者ジョセフ・キャンベルのこの言葉を思いながら過ごしましょう。

この世に存在する物の
目的と限界に正直であれ。
宗教的な犠牲と礼拝はもとより、
人としての役割を余すところなく果たし、
与えられた真実のために純粋に行動し、
純粋に捧げよ。

1週目：今週は、性的志向や性生活についての自分の考え、価値、行動を省みましょう。社会、マスメディア、宗教、そして家族がこれについてどのような意見を持っているか、注意して観察しましょう。周りや自分の考えと一致しない行動を自分が取ることはあるでしょうか。

2週目：今週は、不節制をしないように生活しましょう。食事や睡眠を取るのはエネルギーを増やしてくれるポイントまでとし、取り過ぎによる倦怠感が残らないようにしましょう。生きることの秘訣は十分を知ることだ、という日本の仏教僧、元政の言葉についてじっくり考えましょう。今週は、十分というポイントを見つけ、そこで止まりましょう。やり過ぎたり、取り過ぎたりすることなく、楽しんで生きることを練習しましょう。

3週目：今週は、神秘を感じる場所、感じない場所について意識しましょう。どのような考えや判断が、神秘的なものを見たり、経験したりすることを邪魔しているかを観察しましょう。それから、万物に神秘を見つける練習をしましょう。日常の中に神秘さを見つけ、出会う人全てに神秘さを見つけましょう。ヨギ・バハンの「全てに神を見つけられなければ、何にも神を見つけることはできない」という言葉についてじっくり考え、全てに神（神秘性）を見出しましょう。

4週目：今週は、自分が持つ神秘さについて考えましょう。神秘的でありたいと思いますか。自分の情熱や神秘的な部分とつながる３つの方法を見つけ、書き出してください。

１ヶ月を通して、ジョセフ・キャンベルの言葉をじっくり考え、自分の生活に神秘を感じながら過ごしましょう。

5つ目の宝石 [不貪]

アパリグラハ

अपरिग्रह

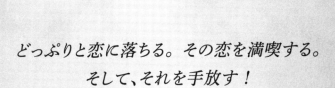

どっぷりと恋に落ちる。その恋を満喫する。
そして、それを手放す！

〜 キャサリン・ラーセン

アパリグラハ（不貪）

　子どもが小さかったころ、よく保育園へ迎えに行きました。どんなにおいしいお菓子を食べていても、面白いオモチャや新しい友達と遊んでいても、子どもは、それを即座にやめ、私の腕に飛び込んできたものです。彼らにとって私が一番でした。ですが、子どもが大きくなるにつれ、オモチャの方が面白くなり、私が迎えに行っても無視されるようになりました。

　小さな子どものように、私たちは無数のお菓子やオモチャや友達に囲まれて生活しています。お菓子やオモチャや友達は、楽しむためにありますが、それに執着し過ぎてはいけません。アパリグラハという宝石は、人生を最大限に楽しみつつ、いつでも真に大切なものの腕に飛び込むための教えです。オモチャで遊ぶことに夢中になりすぎては、大切なものを逃してしまいます。

　アパリグラハ、「不貪」はまた、執着しない、貪欲にならない、しがみつかない、むやみに欲しがらないなどとも解釈されます。「手放す」ことと解釈してもよいでしょう。インドのサドゥー（苦行僧）たちは、この世の物事に執着するのはどれほど簡単なことか悟っています。サドゥーは、オレンジ色の袈裟を身にまとい、神の元にあらゆる快楽を放棄します。快楽より、神といることを選ぶ彼らは、誘惑が少ない森の中で大半の時間を過ごします。サドゥーの戒律は極端な例ですが、むさぼりという牢獄から距離を置く一つの方法ではあります。

　文明社会に生きることを選ぶ私たちにとっては、何かに執着せずに満ち足りた生活を送るのは容易なことではありません。愛される満足感や、おいしいご馳走を食べた満腹感、仕事をやり遂げた達成

アパリグラハ（不貪）

感などを体験すると、その瞬間を永久にキープしたくなり、手放しがたくなります。同じ満足感を得るために、同じ人や物からそれを繰り返し要求しだすことは簡単です。ですが、物事は日々移り変わるもので、それを阻止しようとすると、結局私たちは失望し、しがみつこうとする努力は私たちを古くさせ、不満にさせます。何かにしがみつこうとすると、それが私たちにしがみつくようになるのです。

それではどうやって、執着せずに、人生を心から楽しめるでしょうか。呼吸、空中ブランコ曲芸師、そして、猿を捕まえる伝統手法が、手放す能力について私たちにヒントをくれます。アパリグラハの教えは、十分に物事を気にかけ、人生を楽しみながら、手放し、人生の旅のために最小限の荷物を持つことを、私たちに勧めます。

> アパリグラハは、
> 十分に物事を気にかけ、
> 人生を楽しみながら、
> 手放し、
> 人生の旅のために
> 最小限の荷物を持つことを、
> 私たちに勧める

呼吸に教わる

呼吸を信頼するように、人生を信頼できたらどうでしょう。その場にある酸素を吸い込み、次に吸い込む酸素も十分にあると信頼しながら、完全に息を吐き出す。同じことを人生に対してできたらどうでしょう。

呼吸が酸素という栄養を与えてくれるように、生活も私たちに栄養を与えてくれます。家庭、仕事、人間関係、そして習慣は、私たちに安らぎ、信頼、自分の立ち位置やセルフイメージといった栄養を与えます。私たちはそういった栄養を、ときに無意識に執着する

> 息を吸い過ぎると
> 苦しくなるように、
> 栄養の取り過ぎは
> 毒になる

ようになるまで与えられ、自分自身を過度な期待、意見、批判、失望などで悩ませるのです。それは、私たち自身が人生を信じ、息を吐き出して、手放すことを忘れた結果です。息を吸い過ぎると苦しくなるように、栄養の取り過ぎは毒になります。

　アパリグラハは、いまという瞬間にしっかりとつながり、全身で参加し、その後に完全に手放すことを勧めています。そうすることで、次に来る事を受け入れることができるのです。アディカラ、つまり自分の能力を高めることで、私たちは、次のレベルの自分へと成長できます。私の家にはグランドピアノが1台あり、私はそれを弾くのが大好きです。ヨギラジ・アチャラが一度私に言ったことですが、食事をするときに、私はそのピアノをダイニングルームに担いでいくことはありません。そんな重い物を背負ってご飯を食べたい人がいるでしょうか。

　ところが、私たちは重たいピアノを背負いながら食卓につくようなことをよくしているのです。つまり、何か永久的な物、しがみつける物をどうにか得ようとしています。ですが、アパリグラハの本質は、非永久的な性質を持ちます。全ては移り変わります。とどまる物は何ひとつありません。呼吸に意識を向けて、息を吸い、吐く度に、お腹が膨れ、へこむのを感じてみてください。この世のあらゆる物の移り変わりを実感できるでしょう。

空中でとどまる

　息を完全に吐ききった瞬間のように、空中ブランコ曲芸師には空中でとどまる瞬間があります。私の理解では、彼らは掴んでいる

バーを離して、次のスウィングバーが来るまで一瞬、空中でとどまります。掴んでいるバーに長くしがみつきすぎると、タイミングがズレて、ブランコから落ちてしまいます。掴んでいるバーを完全に手放して、次を掴もうと力まず、ただタイミングを信頼して、向かってくるバーに向けて心を整えるのです。

　私は空中ブランコ曲芸師ではありませんが、手放すという体験は、空中で何も掴む物がないときの状況と似ていると思います。未加工で、裸で、傷つきやすく、落ち着かない状態。次に何が来るか確実にわかっている場合は、手放すことが簡単なはずですが、それでも手放した後にそれを戻したくなるかもと、どうにかそれにつながっていたくなります。完全に手放すことは、無の中にとどまることです。

　しがみつかない練習をすることは、完全に世界を信頼して、完璧なタイミングでバーからバーへ力を入れずに移動することです。自分が安心に感じるからといって、長く遠くまでしがみつきすぎると、精神的な成長が妨げられ、人生の自然な広がりが邪魔されてしまいます。

バナナを諦めろ！

　インドの伝統的な猿猟の手法には驚きます。呼吸や空中ブランコ曲芸師のように、物への執着が、どれほど人生を狂わせるかについて語っています。猿を捕まえるために、狭いバーがはまった小さなケージを用意し、そのケージの中にバナナを入れます。猿が来て、バーの間に手を伸ばし、バナナを掴みます。そして、その狭いバーの間からバナナをどうにか引き抜こうとするのですが、バーの幅が狭くてそれができません。そして、ここからが驚くのですが、

猿を捕まえる猟師が来るとき、猿は何からも拘束されていないのです。危険が近づくのを見て、逃げようと思えば、問題なく逃げられる状況にあるのです。バナナを手放せば、いくらでも逃げられるのです。ですが、猿はバナナを手放さず、いとも簡単に捕まってしまうのです。

　私たちにとっての「バナナ」は、2度目も3度目も私たちを満たしてくれると期待する何かです。昨晩のように妻や夫が自分を癒してくれることを期待する、前回のようにおいしい外食にありつけることを期待する、そして昨日のように感謝されることを期待する。つまり、同じ「気分が良くなる」結果を期待しているとき、私たちは、「バナナ」にしがみついているのです。期待は、私たちを捕らわれの身にし、多くの場合、私たちを不幸にします。

> 期待は、私たちを
> 捕らわれの身にし、
> 私たちを不幸にする。
> それにも関わらず、
> 私たちは自由より
> 執着を選ぶ。

　執着に捕らわれている私たちにとって、バナナを諦められない猿の姿は自分を映す鏡のようなものです。実際、私たちを束縛するものは何もないのです。猿のように、私たちは完全に自由なのです。それなのに、私たちは、自由を放棄して、何かにしがみつき、執着し、欲張ります。自由を選ぶには、ただ「バナナ」を手放せばよいのに、私たちは自分自身で、牢獄を作りそこに入っているのです。しがみつく物にしがみつかれています。私たちはさらに、自分のセルフイメージを作り上げて、それにしがみつくこともあります。

アパリグラハ（不貪）

所有するものに所有される私たち

　私は、2人の小さい子どもの面倒を見ながら辛い離婚を経験したとき、もう誰とも一緒にならないと決意しました。そして私は、無意識の内に、その決意をしっかりと実践してきたのです。誰にも助けを求めず、誰かが助けてくれようとしても断り、自分を甘やかさず、自分に休憩を与えませんでした。まさに無敵な母親になろうとしていました。ですが、実際はとても傷つきやすい状態にありました。

　何十年か経って、私は、無敵な母親というイメージにしがみついていたことが、どれほど自分の人生を悲惨にしていたか気が付きました。自分を疲れさせ、周りを疲れさせていました。自分の無力さを感じるのが怖くて、立ち止まることができませんでした。私は自分のイメージにしがみつき、そのイメージが私を捕らわれの身にしていたのです。遊び、奔放さ、楽しみは、私の生活において絶滅状態でした。無敵な母というイメージは、生活から楽しみを一つ残らず奪っていったのです。

　しがみついている物に対しては、メンテナンスも必要となります。タダだから安いからと言って貯める、集める、買うものは何でも、私たちのスペースと注意力とを占領していきます。収納箱や物置は、自分自身をだますうってつけの方法です。自分に対して抱くセルフイメージや信条、理

> しがみついている
> 物に対しては、
> メンテナンスも必要

想の人生、他人への期待が小さな執着となり、そのような思いは、私たちの学びと成長を妨げます。物理的なスペースに散らかる物は、私たちが動きまわることを妨げ、思考に散らかる物は、自分が成長する自由を奪い、人生が用意している次のチャンスを受け入れる

スペースを奪います。

　地元の生活共同組合の総菜売場で売っている、ビーン&ライス・ブリトーに執着していた時期がありました。カウンター越しにいるのがどのスタッフであろうと、私のオーダーを、具を多めにして欲しいという特別リクエストまで、しっかりと把握していました。ある日、カウンター越しのスタッフが、私のブリトーを作りながら「つまらない人だ」とつぶやいたことがあります。また別の日、いつものようにそのブリトーが食べたくなって、期待しながら売場に立ち寄ったのですが、ブリトーに使うビーン&ライス・ミックスが売り切れていました。私はこれにひどく憤慨し、落胆しました。他のブリトーで満足できない自分に気が付いたとき、私は自分の執着心の深刻さに気が付きました。私は、ブリトーに、自分の１日を台無しにさせていたのです。

　私がしがみついていたものが、私にしがみついていました。執着は、それが満たされないと、私たちの１日を台無しにします。執着は、私たちをつまらない人間にします。そして執着は、私たちを目隠しし、無数の新しい機会を見えなくさせます。

　執着（英語の attachment）という言葉は、「クギを打ち付ける」という言葉に由来します。執着は、必要な物や人がいつもそこに変わらずあるように、自分自身をそれに打ち付けることを意味します。他人への依存、自分の感情、役割、予定、楽しみ、自己認識に自分自身を打ち付けてしまうと、自由な人間というより、迷路の中のネズミのようです。

バッグをいくつ持っていくの？

　最近、10代の孫と一緒に、初めて１泊の保養旅行に出掛けま

アパリグラハ（不貪）

した。準備をしっかりするのが好きな私は、旅行にかなり先立って、孫に、何を持っていくべきか相談しました。何日か我慢していましたが、孫はその質問になかなか答えてくれません。旅行の前日、しびれを切らした私は、「アシュレイ、そろそろ計画をしないと」と言いました。「おばあちゃん、それは保養に行く意味じゃない。リラックスして、計画を含め何も持っていかないのよ」と彼女は答えました。会話を続けてわかったのは、彼女が持っていくのは、本、サッカーボール、そして彼女が気に入っているオーガニック冷凍食を日数分でした。

　私は、彼女が保養の意味をどれだけよく理解しているかに驚きました。今まで、私は荷造りと準備をし過ぎて、せっかくの保養の時間を台無しにしていたのです。私は、この機会に乗じて、「何も持っていかない」という新しい試みを実行することにしました。この試みが成功した、と言いたいところですが、結局、出発直前になって、これもあれもと車に載せる荷物は２人とも増えてしまいました。

　ですが、この出来事は、大切な種を私に植えてくれました。私は、計画を立てたり、荷造りをしたり、荷物を運んだりするときには、「真の目的」を

> スーツケース何個分の期待、やる事、計画、恨み、そしてトラウマを私は毎日持ち運んでいたのか

間違っていないか自分に確認するようになりました。実際、スーツケース何個分の期待、仕事、計画、恨み、そしてトラウマを私は毎日持ち運んでいたのでしょうか。航空会社は過度な荷物に対して罰金を課しますが、私たちはどうでしょう。毎朝、限界を超えた重荷を自分に背負わせて、１日それを運び、自分を疲れさせてはないでしょうか。

　朝起きて、何も持たずに毎朝出掛けられたらどうでしょう。そも

そも、それが生きることの目的ではないでしょうか。神と一緒に重荷を解いてはどうでしょう。重荷を解いて、自由に近づき、重荷を解いて、真の自分に近づくのです。

　私たちは、ほぼ満杯のスーツケースを抱えて毎朝出掛け、1日が進む間にさらにそれに荷物を詰め込んでしまうようです。すでに重い荷物に、失望、そして憤りと混ざった怒りを追加していく。これは、レンガを持ち歩きながら、もっとレンガを増やして1日歩くぐらい馬鹿げた行為です。

　孫が教えてくれたように、旅行にはできるだけ物を持っていかないのが一番です。自分を裸にして、傷つきやすい状態にして良いのだとヨギは教えてくれます。これが「不貪」への招待です。荷を解く準備はできましたか。

気にするべき？

　執着しないということは、気にしないということでも、人生の楽しみや他人から自分を閉ざすことでもありません。実際、執着をしないことにより、人生や他人に心から感謝できるようになるのです。何かへの執着を手放すことは、楽しみ自体を手放すことではありません。主導権を手放すことで、目の前のことやいまという瞬間に全身で参加できます。人生は晩さん会のようになり、ご馳走を自由に楽しめるようになります。深い呼吸のように、しっかりと吸い込み、完全に吐き出す。吐き出すときの開放感を楽しむのです。

> 執着しないということは、
> 気にしないという
> ことではない。
> 実際、執着をしない
> ことにより、
> 人生や他人に心から
> 感謝できるようになる。

アパリグラハ（不貪）

執着するものが少なければ少な
いほど、いまという瞬間にしっかり
とつながり、存分に楽しむことがで
きます。たくさんの息を吐くほど、
体にスペースができ、次にたくさん

**小鳥が枝をくわえたまま
飛べないように、
執着していては、
自由になれない**

の息を吸い込むことができます。寛大に共有して与えるほど、自分
に広がりが出て、人生が軽くなります。それは、自由な人生への旅
です。小鳥が枝をくわえたまま飛べないように、執着していては、自
由になれません。

　いつも寛大であり、自分の人生を信頼することができれば、欲望
を抑えて、人生の次の展開に心を開いていることができます。私
たちにもたらされることはきっと素晴らしい事です。そして、私たち
がしがみついているのは小さなことです。空中ブランコ曲芸師の
ように、空中でタイミングを完全に信頼し、今掴んでいる現在より、
未来の方が素晴らしいと信頼できるでしょうか。

探究のための問い

　以下の質問を自分に問いかけながら過ごし、自己観察の時間を作り、日記をつけることで、不貪の練習をし、新たな発見をしましょう。これからの1ヶ月間、スワミ・ニャーネーシュワラのこの言葉を思いながら過ごしましょう。

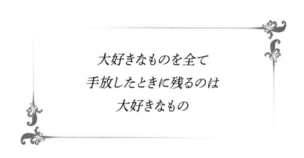

大好きなものを全て
手放したときに残るのは
大好きなもの

1週目：今週は、呼吸に意識を向けてください。吸う、吐くという単純な動作は、何かに執着せずに、充実した人生を送れる可能性を教えてくれます。観察して気が付いたことや経験したことを日記に書き出してください。

アパリグラハ(不貪)

2週目:今週は、自分を囲む物理的な物について観察してみましょう。それは自分を自由にし、心を軽くさせるものですか。それとも、自分を制限し、心を重たくさせる物ですか。(あなたがしがみつくものは、あなたにしがみつきます。)楽しむことと執着することの違いを体験してください。

3週目:今週は、自分がいつ他人や物事に期待を押しつけているか観察してください。気が付かないうちに、いつもの満足や快適さを要求していませんか。その期待が自分を制限し、不幸にしていませんか。

4週目:キルタン歌手のクリシュナ・ダスは、この国に生きる私たちは、ある筋肉を持っているのにそれを忘れがちだ。それは、「手放す」筋肉だ、と言います。彼は、私たちの「しがみつく」筋肉は十分に発達しているが、「手放す」筋肉は未発達だ。この筋肉をもう少し頻繁に使うことで思考を整えるべきだ。そして、その筋力トレーニングは小さなことから始めて、大きなことに備えるべきだ、と言います。今週は、自分はどんなときに、体験や感情、思考、習慣、信条にしがみついているかを観察しましょう。そして、「手放す」筋肉を使って手放す練習をしましょう。

1ヶ月を通して、スワミ・ニャーネーシュワラの言葉をじっくり考え、執着という重荷を抱えたり、所有の必要性を感じたりすることなく、人生を思いっきり楽しみましょう。

ヤマのまとめ

　最近、GPS付きの新型プリウスを購入した友達と行動を共する機会がありました。コンピューターが自分に話しかけ、道が正しいか教えてくれるのは、とても面白い体験でした。コンピューターが右に曲がれと言う交差点で、友達はまっすぐ進み、コンピューターがその直後「まっすぐ走り、合法的なUターンをします」と言ったのには、思わず笑ってしまいました。

　ヤマは、この個人用GPSのようなものです。間違った方向に進んでいると、「合法的なUターン」をするように教えてくれます。私たちの生活が世の中に悪影響を与えるようであれば、それを教えてくれて、方向転換し、調和に近づくように勧めてくれます。

　ヤマは単純な答えをくれることはありませんが、正しい方向へ進むための指示を与えてくれます。ヤマの教えに精通し、その教えを日々実践することが大切です。個人用GPSのように、非暴力、非嘘、非盗、不過度、そして不貪の実践は下記のことを私たちに行わさせます：

- 自分や他人を傷つけることをやめさせ、自他に親切心と思いやりを感じるようにさせる
- 真の自分を表現することが嘘やごまかしに邪魔されないようにする
- 盗むことをやめさせ、新たな技術や能力を身につけさせる
- 欲望に向きがちな意識を、不節制のない感謝と楽しみに向けさせる
- 執着に向きがちな意識を、所有をせずに深いつながりを持つことに向けさせる

ヤマのまとめ

　ヤマは、私たちは社会的な生き物で、様々な生物が暮らすこの地球上で共に生活し、資源を共有しなければならないと説いています。ヤマ、つまり「制限」は、大人らしく清廉な関係を持ち、自己利益を追わずに、公共の財を大切することを勧めます。その意味では、ヤマは、調和や平和、そして社会との正しい関係の在り方を説く社会的なしきたりと考えてもよいでしょう。自分以外の物を欲しがらないように、そして真の自分を表現できるように、進むべき道を教えてくれます。そうすることで、生きることの楽しさを感じることができます。

　次にニヤマの教えを学んでいきますが、清廉な関係を社会と持つことから、清廉な関係を自分と持つことへ意識を移していきます。

アヒムサ 非暴力	自分や他人を傷つけることをやめさせ、自他に親切心と思いやりを感じるようにさせる
サティア 不嘘	真の自分を表現することが嘘やごまかしに邪魔されないようにする
アスティヤ 不盗	盗むことをやめさせ、新たな技術や能力を身につけさせる
ブラフマチャリヤ 不過度	欲望に向きがちな意識を、不節制のない感謝と楽しみに向けさせる
アパリグラハ 不貪	執着に向きがちな意識を、所有をせずに深いつながりを持つことに向けさせる

6つ目の宝石[清浄]

ソウチャ
शौच

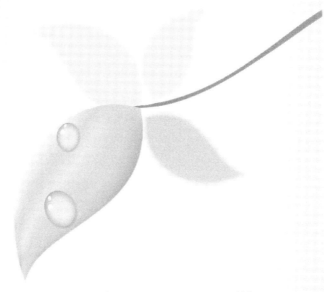

女性の緑色のマントの上で輝く
〜 透明で純粋な露

〜 キャサリン・ラーセン

ソウチャ（清浄）

『ザ・ラガマフィン・ゴスペル（The Ragamuffin Gospel）』という本の中で、ブレナン・マニングは、ある病院の回復室での緊迫した状況を描いています。ベッドには若い女性の患者が横たわり、その横には、彼女の顔から腫瘍を切り出した外科医がいます。少し距離を置いて、彼女の夫も同じ部屋にいます。彼女は、手術後初めて自分の顔を鏡で見ます。口の片方が垂れ下がっているのを見て、彼女は医師に、この不対称な口は治らないのかと尋ねます。医師は、腫瘍を切り出すために神経を切る必要があったので治らない、と重々しい口調で告げます。若い女性が自分の容姿について不安を感じるそのとき、夫がある行動を取ります。妻に近寄り、彼女の口が片方垂れ下がっているのは、かわいいと言うのです。やさしく彼女を見つめ、彼女の口の形に自分の口の形を合わせて、キスをします。

ソウチャという宝石、「清浄」は2つの意味を持ちます。ソウチャはまず、体、思考、発言を浄化することを私たちに勧めます。肉体的にも精神的にも浄化されていると、自分の思考がバラバラになったり、心が重たくなったりすることが減ります。浄化することで、私たちの本質に光と明瞭さがもたらされます。次にこの教えは、浄化された関係を持つことを勧めます。上の話で、登場人物の誰も手術の結果がどうなるかわかってはいませんでした。ですが、妻が自分の容姿に不安を持ったとき、夫は彼女との関係に純粋にあって、純粋な気持ちで二人の関係を支えたのです。

> ソウチャは
> 体、思考、発言を
> 浄化することを
> 私たちに勧める

ソウチャ（清浄）

この2つの「浄化」の実践は互いに結びついています。重たい
ものや毒の破片、邪魔なものを取り除くと、その瞬間に完全で、清
らかで、そして明瞭な自分であることができ、自分の周りの様々な関
係においても純粋であれます。

浄化して純粋になる

ヨガの修行者は、様々な体の浄化法を習得しています。鼻腔か
ら口へ紐を通したり、30m近くある綿布を消化器官へ入れたりと、
「絶対にやりたくない」と思うような方法もありますが、ネティーポッ
ト*のように実践しやすい浄化法もあります。呼吸法やヨガのポー
ズを取ることも体を浄化する方法のひとつで、瞑想やヤマ・ニヤマ
のような道徳論に従うこともそうです。浄化法については様々な
意見があるでしょうが、ヨガ修行者たちは、実に浄化を重視すること
は確かです。なぜそれほど重要なのでしょうか。

私たちの中にはほとんど眠ったままの大きなエネルギーがありま
す。意識のエネルギー、目覚めのエネルギーと言われ、誰もがこの
エネルギーの動きを感じたことがあるはずです。大きな愛を受けて
静かに目に涙が溢れるとき、美しいものに心をとらわれ驚嘆する
とき、これ以上ない満足や気持ちよさを感じるとき、稲妻のように生命
力がほと走り、若くイキイキと感じるとき、良い考えがふと浮かんでく
るとき、そして何かが突然原色のようにハッキリ見え始めるとき。自
分の中のエネルギーが目を覚ますときはこのように感じます。

「清浄」の教えを実践するためには、身体的と精神的な浄化方
法を習得し、自分を様々な体験に対して準備しておく必要がありま

＊ネティーポットは、鼻腔に塩水を流すために使う容器です。

105

す。浄化は体を鍛え、思考を保護し、眠っているエネルギーが目覚める準備をします。浄化は、魂が心地よくいられるように、自分自身を準備することで、神秘を感じられるように、自分の心を軽くしておくことです。

浄化へのアプローチは、一人ひとり異なります。過激な浄化をしないと、その効果が出ないわけではありません。運動を増やし

> 浄化への
> アプローチは、
> 一人ひとり
> 異なる

たり、飲む水の量を増やしたり、フルーツやジュースだけを摂る日をつくったり、クローゼットを徹底的にきれいにしたりといったことでもよいのです。他人への中傷や嘘を言わない、舌をきれいにする日を1日つくってもよいでしょう。抱えている重荷を「軽くする」という意図であれば、浄化の方法は何でもよいのです。

「重荷」とは何でしょうか。私たちの体には、不健康的な食生活のせいで毒素が溜まっているかもしれません。被害者意識や許せないことといった「お荷物」を思考に抱えているかもしれません。また、家や仕事場が散らかっていてゴミだらけかもしれません。どの状況も真に存在し、重さがあるもので、体、思考、魂の「重荷」となり得ます。「清浄」の教えは、どこに重荷があろうと、それをどうにか取り除き、私たちを安らぎへと向かわせてくれます。体と思考、そして住んでいる場所や働いている場所を浄化しましょう。

私は、懺悔と許しの力を強く信じています。過去に行ったことで、懺悔したいと思うものについては、信頼する友達に話すか、紙に書いてそれを燃やすという儀式を行っています。これは、私にとって、過去のあやまちや間違った判断、そしてワガママを浄化するために必要な行為です。過去の傷にこだわっていると、いまの自分も傷つけ、いま起こっていることに純粋に接する能力を下げてし

ソウチャ（清浄）

まいます。自分や他人を許すことは、自分が与えることができる最も寛大なプレゼントです。

数年前、ヨギ・バハンの元で、クンダリーニ・ヨガのティーチャー・トレーニングを受けたとき、彼に何でも質問できる個人セッションの時間がありました。「師の英知を持つ甘い花蜜」という意味のアムリット・デヴという名を授かっていた私は、どうすればその名に恥じることなく生きることができるか尋ねました。ヨギ・バハンは目を輝かせながら、陽気に笑い出し、「大便が花蜜の臭いになって、小便も花蜜の臭いになればいい」と強いインド訛りの英語で答えました。彼は、声を出して笑い続け、私に与えられた時間はそれで終わってしまいました。

> 抱えている
> 重荷を
> 「軽くする」という
> 意図であれば、
> 浄化の方法は
> 何でもよい

私は、顎が床に落ちるかと思うぐらい驚き、しばらくあっけに取られていましたが、いま考えてみると、それは「清浄」についての話だったことがわかります。自分へ入れるものと、自分から出すものの全てが純粋であるよう努力すべき、という意味だったと解釈しています。

ヨギ・バハンの私の名前についての説明はまた、「浄化」と「掃除」の違いについて考えさせてくれました。最近インドから帰国し、再度、この違いについて考えています。アシュラム（修行所）では、浄化の練習に２週間かけましたが、家をアメリカ式に掃除するには２時間しかかかりませんでした。この国では、異常に掃除について気にしますが、浄化についてはほとんど気にしません。掃除は私たちの外側をきれいにする作業で、表面に違いが現れるものです。浄化は、私たちの内側に作用し、本質に影響を与えるものです。掃除も大切ですが、ソウチャが呼びかけているのは、外側をきれいに

することではなく、浄化という内面への旅です。

関係に純粋である

　ソウチャは、私たちが「清浄」であることを求めるだけではなく、いまという瞬間にそのままあることで、あらゆる瞬間に「清浄」であることを求めます。生活や、他人、物、一日、仕事、天気、そして瞬間を操作することなく、ただそれとともにあるべきです。それに対して願ったり、期待したりしてはいけません。それを変更、判断、批判、改ざん、制御、調整、偽装、失望、そして精算することは、この教えに背くことです。「清浄」は、何かを変えようとする努力ではありません。その瞬間にあるままの物事と純粋な関係を築くことです。

　それと純粋であることと、それを純粋にしようとすることは、微妙で巧妙に異なります。自分が何か優れたものをもたらしている、注意をして見る価値はない、貸しをつくっている、などとその瞬間に対して傲慢になるのは簡単です。このように、物事に対する考えや行動があらかじめ作られたものだと、その瞬間の清浄さを汚してしまい

> それと純粋で
> あることと、
> それを純粋に
> しようとする
> ことは、微妙で
> 巧妙に異なる

ます。「清浄」というイメージをその瞬間にもたらすことまでも汚してしまいます。できることは、その瞬間にそのままあることです。

　何かに純粋であるためには、引き算を多くしなければなりません。「こうあるべき」、「こうあってほしい」という理想、幻想、そして期待を全て引き算しなければなりません。この宝石がもたらすオアシスに住むためには、「清浄」はどうあるべきかというイメージでさえ捨てなければなりません。交通渋滞にはまったとき、食事にがっかりしたとき、家の中のゴミにつまずくとき、

ソウチャ（清浄）

機嫌の悪い家族と話すとき、その瞬間を判断することなく、その瞬間に純粋に接することが求められます。

　最近、義理の姉が2歳の孫に会いに行ってきました。1週間、子どもの好奇心に溢れた目で物事を見ることができて、全てのことが新鮮に見えたと話し続ける彼女は、新鮮でイキイキとしていました。彼女は、仏教で言うところの「初心」を体験したのです。彼女の心は、錆つく代わりに、子どもの好奇心に触れることで開かれ、彼女は、遊び好きな驚嘆の心を得たのです。彼女は、物事を初めて見たときのように、「そのまま見るという」という子どもの頃の能力を取り戻したのです。古くさいという概念を押しつけることをやめたとたん、物事は新しく神秘的なものとして彼女の前に現れました。彼女は、その瞬間に純粋でいることができたのです。

　もしかすると、清浄の練習が最も難しいのは自分自身に対してかもしれません。幾つの期待や幻想を自分に押しつけているか、正直に考えてみてください。古い日記を読み返すと、自分を改善しようとどれだけの要求を自分に押しつけてきたか驚きます。他人に聞いてみると、欠点のない自分を作り出そうとしているのは、私だけではないようです。自分に色んな計画を押しつける代わりに、計画を撤回する練習をしてはどうでしょう。愛される人間になろうとやっきになる代わりに、自分自身をこれでもかというぐらい愛してはどうでしょう。自分に手綱をかけて隙間なくコントロールする代わりに、その手綱を緩めてはどうでしょう。そして自分にこう問うべきです。「どの瞬間においても自分自身に純粋にいられるか」。アントニー・デ・メロ司祭の言葉を借りると、「自分を放っておけるか」。

　自分自身に純粋であることは、自分の考えや感情に怖がらないということで、自分自身から何も隠す必要がないということです。マシュー・サンフォードは、事故で下半身の自由を奪われましたが、そ

109

> 自分自身に
> 純粋であることは、
> 自分の考えや
> 感情に怖がらない
> ということ。
> また、自分自身から
> 何も隠さない
> ということ。

の経験から、「自分の悲しみは怖くない。自分の悲しみは、他の苦しんでいる障害者たちをどうにかしたいと思わずに、彼らと一緒にいさせてくれる素晴らしいギフトだ」と言っています。マシューは、勇気を持って、自分自身のあらゆる部分とただ一緒にあることを勧めています。

　自分のあらゆる部分と純粋にあることで、自分の苦しみ、愛、喜び、退屈、痛み、そして心配といった感情とともにある能力を高めることができます。自分に安全になって初めて、他人への安全な場所となれます。過度に干渉される危険を感じずに、心地よく一緒にいられる相手になるのです。

自分の破片を集める

　「清浄」は、その瞬間に押しつける幻想を引き算することを求めるだけではなく、自分の破片を集めて、あらゆる瞬間に完全な自分でいることを求めます。これはどういう意味でしょうか。ヨギラジ・アチャラは、「混ざり物を取り除く」と表現します。アリス・クリステンセンは、「破片を貼り合わせる」と表現します。説明の仕方がどうであっても、「清浄」は自分の全てが一か所にあることを求めます。頭と心が同期し、思考と行動と発言が一致し、いまという瞬間にあることです。

　これについて、ある友達が３歳の息子とのエピソードについて話してくれました。その日は、とても忙しい日で、彼女は色々な雑務をこなそうとしていましたが、その間ずっと彼女の息子は、忙しい彼

ソウチャ（清浄）

女の周りで、母親の気を引こうとしていました。我慢できなくなった息子は、彼女の顔を両手で引き寄せ、「お母さんは、僕のことを見ていない」と言いました。この3歳の小さな男の子が母親に思い出させたように、いかなる瞬間、人、そして出来事も、私たちと完全に一緒にあって認識されることを望んでいます。上の話の友達のように、私たちは散らばった考えを抱えながら何かをし、それをし終わった後はさらに散らばった考えを抱えています。いままでの余り物と、これから使う下ごしらえを食べて生きているようなものです。自分に「追いつく」時間をつくらないばかりに、いま以外の瞬間にいるのです。私たちは、目の前にある人生を存分に生きるという肝要なポイントを見失っています。ゆったりとして、広がりのあるいまという瞬間にあればよいのに、私たちは出発する前にもうひとつだけ片付けようと欲張り、結局、疲れ果てて遅れて到着するのです。そしてまた、汚れて、バラバラな状態のまま、次のことをしないと、と焦りながら出発し、いまという瞬間の美しい終結を見届ける時間を取れません。

自分に「追いつく」時間をつくらないばかりに、いままでの余り物と、これから使う下ごしらえを食べて生きている

　「清浄」は、スピードを落として、1度に1つのことを実践するよう求めます。また「清浄」は、ゆったりとした安定感を持ち、1つのことに全ての意識を注ぐことを求めます。スピードを落とし、相手に全ての注意を注ぐ練習をすることで、自分がもっと完全になり、あらゆる瞬間に純粋になれるでしょう。急ぐ、一度に複数のことをやる、忙しく過ごす。私たちの社会で成功を象徴するものは、全て「清浄」を汚すものです。

　私は、朝起きて、祈りを唱え瞑想をするのですが、ある朝私は、そ

の祈りの最初の1行を唱える中でその日の行動を計画していました。また別のとき、何かを言おうとする孫の目に見とれ、孫が喋り終わったのを気が付かずに、何を言われたかも全く覚えていませんでした。どちらの例でも、私はその瞬間にいませんでした。

「清浄」は、その瞬間に全ての意識を集中させることを私たちに要求し、私たちが完全な気づきとエネルギーを持って次のことに移行できるようにします。クリシュナムルティは「清浄」がもたらす自由について、「一つひとつの経験に完全に入り、完全に抜ける。やっていることに自分の全てを注ぎ、それから全てを取り去る」と書いています。「清浄」は、欠損や後悔が残らないように、その瞬間に完全かつ誠実に接することを説いています。そうすれば、残るものはありません。

> 「清浄」は、欠損や後悔が残らないように、その瞬間に完全に誠実に接することを説いている

数年前、ニール・ダグラス‐クロッツの元で、アラム語の「主の祈り」を学びました。日本語に訳すと、「、、、他を許すがごとく、立ち入る我らを許せ、、、」となるのですが、アラム語で唱えると、この文章そのものが、私たちに何かを手放させるような迫力があります。ダグラス‐クロッツは、この文章の「手放す」という意味は、相手に対して知っていることを忘れる行動*だと解釈します。その人に関して知っている秘密は忘れて、まっさらな状態で、その人と会う。

---

*文字通りのアラム語の解釈のひとつは、「他人の罪悪につなぎ止めてある紐を放すので、私たちを過ちに縛り付けるロープを緩めろ」となります。ギリシャ語の新約聖書によると、当時の人々が話していたのはアラム語で、キリストは、「主の祈り」をアラム語で唱え人々に伝授したと考えられています。その後、イスラム文明がその地域で栄え、アラビア語が主要言語となったため、アラム語は使われなくなりました。

その奥義は、その人に会う度に、その人と純粋に接することです。私は、この文章をよく思い出し、相手について知っている秘密は、私に「清浄」の練習を邪魔させる破片でしかないと自分に言い聞かせます。私は、忘れることを祈り続けます。

　ソウチャ、「清浄」の実践は、根底から自分自身を浄化し、その瞬間との関係を浄化します。無駄や散らかりなどの「重荷」を減らすことで、自分自身がより軽く、広がりがあるように感じることでしょう。体がいままでよりイキイキし、思考が明瞭になり、愛情深い心を持てるようになります。

探究のための問い

　以下の質問を自分に問いかけながら過ごし、自己観察の時間を作り、日記をつけることで、清浄の練習をし、新たな発見をしましょう。これからの１ヶ月間、クリシュナムルティのこの言葉を思いながら過ごしましょう。

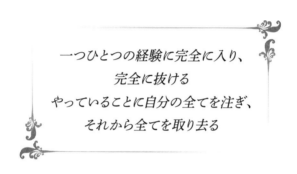

一つひとつの経験に完全に入り、
完全に抜ける
やっていることに自分の全てを注ぎ、
それから全てを取り去る

1週目：今週は、体の部分で鈍っている部分があるか意識をしましょう。食事や運動を通して自分を浄化し始めましょう。（自分を囲む空間が自分の体を鈍らせるようであれば、その空間も浄化し始めましょう。）浄化するにつれて、その部分が軽くなることに気が付きましょう。外側を掃除することと内側を浄化することの違いを意識しましょう。

2週目：今週は、思考と発言を浄化しましょう。友達、儀式、許し、日記などの方法を使って、毒や古さ、ネガティブな考えを手放しましょう。そして、代わりに愛や感謝を取り込みましょう。

ソウチャ（清浄）

3週目：今週は、自分自身に純粋でありましょう。アントニー・デ・メロ司祭の言葉のように、自分を放っておきましょう。その結果、体験したことや起こったことを日記に書き出しましょう。

4週目：今週は、1時間誰にも邪魔されない時間を確保して、その時間を使ってゆっくりオレンジをひとつ食べてください。このオレンジとそれを食べることの喜びに、全意識を1時間集中させてください。週の残りは、生活のスピードを落とし、いまという瞬間を自分にプレゼントするように、あらゆる瞬間に純粋に生きてください。その結果、体験したことを日記に書き出しましょう。

1ヶ月を通して、クリシュナムルティの言葉を考え、いまという瞬間に純粋に生きましょう。

7つ目の宝石［知足］

サントーシャ
संतोष

軸を持ち、
静かな心であらゆる瞬間に気づきを持つ

〜 キャサリン・ラーセン

サントーシャ（知足）

　私と夫は、テレビ番組『燃えよ！カンフー』の3シーズンをDVDで持っています。主人公のケインは、何が起こっても冷静で、どのようなときでも何をすべきか知っている、まさに人生の達人といえる存在です。私たちはこのDVDを観るのが大好きで、このケインのように振る舞うことを楽しんでいます。

　シリーズを観たことがない人のために説明しておくと、ケインは孤児として、中国のあるお寺に預けられます。そこで、彼は武術と道教を学びます。彼は教えを極め、やがて僧となります。ところがある事件が発生し、皇帝がかわいがっている甥を殺したことを責められたケインはアメリカに逃亡します。

> サントーシャは、
> 自分の軸に
> 穏やかにとどまり続け、
> 心を開き、
> いまあるものに感謝
> することを勧める。
> 「探し求めない」
> ことで、私たちを
> 「知足」へと導く。

　アメリカで、ケインは街から街へとさ迷いますが、彼は自分の人生を見失うことはありません。賞金目当ての殺し屋に常に追いかけられますが、恐怖におびえることなく、好奇心と威厳を持ってあらゆる瞬間を過ごします。彼は何も持っていませんが、何も不足していません。その瞬間に満足し、美しさと充足感を見いだします。ほとんどの人が孤独や不足を感じるような環境でも、ケインは満足を感じます。それだけではなく、彼は巧みに他人を巻き込み、誰もが強い意志と優しい心を持つことができると、気が付かせるのです。

　「知足」の教えを強調する、あるかわいらしい話を友達が教えて

くれました。彼女は、6歳の頃、ベランダによく立って、遠くを眺め、「どこかで、私より楽しい人生を送る人がきっといるに違いない」と考えていたそうです。私と同じように、あなたもこの少女の願いに同感できるかもしれません。ですが歳を重ねていくと、このような願いは、「知足」の邪魔をします。

　この国では、広告が私たちの願望を助長し、ないものを欲することは、感染病のように広まっています。「知足」を得る代わりに、私たちは次のことの準備に忙しくなり、好き嫌いに左右され、私たちの心は乱され、イライラしています。サントーシャという宝石は、自分の軸に穏やかにとどまり続け、心を開き、いまあるものに感謝し、「探し求めない」ことで、私たちを「知足」へと導いてくれます。

準備だけは万端

　「西洋の人々は生きる準備ばかりしている」という中国のことわざがあります。このことわざが言うことは確かに事実です。小さい頃は大人になるのが待ちきれないものです。ですが、大人になると、家を出て、大学を卒業して仕事を得るのが待ちきれなくなり、そうすると、次の長期休暇が待ちきれなくなり、ついには定年退職が待ちきれなくなるのです。中国のことわざの通り、私たちはいまを生きることをしないで、準備ばかりしています。

　また、次に起こる物事に対して準備をするとき、私たちは、他人の生活を見て、自分には何が不足しているか考えがちです。フェンス越しに、自分の庭にないものを探し、フェンスの内側に持っているものを楽しむことはしません。フェンス越しに他人の庭を見ることは、自分を「不足」の世界に追いやることです。ある友達の妹は、友達が大自然の中へアドベンチャー旅行にたびたび行くことをとても羨

やんでいたそうです。ある日友達は、その妹もアドベンチャー旅行へ連れていくことにしました。そしてその妹は、悪天候の中、海岸に惨めに座ることになりました。寒い風が吹き荒れ、生理中の妹は余計に気分が悪く感じました。そうしてその妹は、姉の方を向いて、「もう羨ましくないわ」と静かに言いました。

　世の中が自分の要求に応えてくれると期待するとき、私たちは、自分の外側に満足を与え維持してくれるものを探します。パートナーが自分のことを満たしてくれる、仕事が私たちの要求に応えてくれる、そして成功が全ての問題を解決してくれることを期待します。そして、その期待が応えられない場合は、「もし〜であれば」と頭の中で考え、足りないものを探します。または、頭の中でさらに計画をしたり、後悔したりします。外側に満足を探しているとき、私たちは、自分のコントロールが及ばない不確定要素に自分の満足を左右させるのです。満足が外側からくることを期待していては、一生、「知足」を得ることはできません。そればかりか、失望し、「知足」から遠ざかっていきます。

喜びと逃避

　食事、洋服、色、音楽、セルフイメージ、会話、趣味、友達、行動、信条など、私たちは自分が好きなものに多くの時間をかけます。私たちは、こういったあらゆることに好き嫌いを持ち、その好きなことをやる楽しみが永久に続くように、追い求めます。ときに、生死に関わる問題かのように必死にそれを追いかけます。そして私たちは、嫌いなものからは逃げて生きています。自分の楽しみを危険にさらすものには嫌悪感を持ち、それから楽しみを守らなければと危機感を覚えます。

サントーシャ（知足）

　私たちは、自分は自由な存在だと思っていますが、実際は、嫌いなことを避け、好きなことに囲まれて1日を過ごせるよう自他を操ることに多大なエネルギーを費やしています。この人生の操作は、「こだわる」という感覚になることに最近気が付きました。自分の周りに喜びを与えてくれるものがあるとき、自分の中の何かがその喜びを欲する気持ちにこだわるのです。そのこだわりは、喜びを得られないかもという危機感があるとき

> 外側に
> 自分を満たす
> ものを探すと、
> いつも失望し、
> 「知足」から
> 遠ざかる

にも発生します。また、退屈や落ち着きのなさを感じるとき、その不快な体験から自分を守るがごとく、体の中に緊張を感じます。

　実際、物事は全て中立だと、ヨガ修行者は言います。私たちは、物事に対して魅力的、またはそうでもないというレッテルを貼ります。私は子どもの頃、食卓テーブルに座らされ、皿一杯のかぼちゃを無理やり食べさせられたのを覚えています。何時間もかけてやっとそれを食べ終えましたが、その後の人生で、かぼちゃを大嫌いになると思いました。そして実際、その後何十年もかぼちゃに対して嫌悪感を持ち続けました。最近になってやっと、スーパーで見るかぼちゃに対して、嫌悪感ではなく好奇心を持てるようになりました。勇気を出して、かぼちゃをひとつ買って、調理し、食べてみたのですが、驚いたことに、その味がとても気に入りました！つまり、かぼちゃは中立の立場にあったのです。嫌悪や好感という意味を、その時々にかぼちゃに持たせていたのは自分だったのです。

　僧璨は、「好き嫌いに執着しない者にとっては、何事も容易だ」という鋭い発言をしています。この発言が正しいか、丸一日好きなことを何もせずに、嫌いなことだけをして過ごし、自分が好きなことにどれだけ執着しているか観察してみるとよいでしょう。好みを

満たしたいという欲求が私たちを「知足」から遠ざけて、一日を難し

> **好きなものを追い求める行為や、嫌いなものを避ける行為が、私たちのエネルギーを無駄に消耗する**

くします。好きなものを追い求める行為や、嫌いなものを避ける行為（または、緊張やしがみつき）が、私たちのエネルギーを無駄に消耗します。

　オスカー・ワイルドは、この世の中には2種類の不幸があると言いました。ひとつは、欲しいものが手に入らない不幸。もうひとつは、欲しいものが手に入る不幸。好きを満たして、嫌いを避けることは、繰り返しジェットコースターに乗るように切りがないことだと彼は知っていたのかもしれません。物事をそのままに中立の立場で見て、自分の好みのために周りを操作することをやめれば、本当の自由や満足が私たちを見つけに来てくれます。116歳の男性が語っていた知恵をたびたび思い出します。長寿の秘訣を聞かれて彼は、「雨が降ったら、降らせておくんだ」と答えました。

心の乱れは自分の責任

　好き嫌いの波に流されるだけでなく、私たちは感情の乱れという波にも流されます。動揺や苦痛、孤立を感じる、または感謝されない、もしくは利用されていると感じることは、どれだけ頻繁にありますか。自分の感情を、自分以外の誰かや何かに左右させるのは簡単なことです。他人が言うことや言わないこと、そして一日の出来事に自分の感情を左右させてしまうことは、自分の感情のコントロールを放棄するということです。自分の満足を他人の言動まかせにしてしまうと、自分は無力になってしまいます。

作家カルロス・カスタネダは、「考えてみると、私たちを弱らせるのは、仲間の行為や悪行によって傷つけられた感情だ。私たちは、人生のほとんどを誰かに傷つけられて過ごすことで、自己の重要性を見いだしている」と書いています。他人から受ける行為に、言葉で反撃しても、無視しても、人に打ち明けても、または、皆が忘れるまで半年そのままにしておいても、結局、感情の乱れは、私たちのエネルギーを間違った方法で無駄に消耗します。感情のコントロールに無力でいると、「知足」にはいつまでたっても届きません。

> 自分の感情のコントロールを、自分以外の誰かや何かにまかせると、自分は無力になる

会社のコンサルティング、個人のコーチング、そして自分自身の家庭経験から、感情の乱れは膨大な費用を生みだすことがわかっています。感情の乱れは、顧客への不十分なサービス、チームのずさんな仕事、家族の誤解や傷つけ合いを生みだし、自分の健康さえ害することもあります。乱れに取りつかれているとき、視野が狭くなり、明瞭に物事を考えられなくなります。取りつかれていないときは、全体を見渡すことができ、様々な角度から、明瞭に、互いに利益を生みだす方法を考え出すことができます。

私たちの外側に感情の乱れを起こすイベントが見当たらないとき、また静かなとき、私たちは思考の中で自分が動揺する不快な話を再生することがよくあります。昨日誰かがやったことでも、それが10年前のことでも、思考は当時の不快な感情をそのまま引きずり出して、何度も再生するのが得意です。そうして、私たちを不幸へと追いやるのです。

日本のことわざで、「雑音があなたを乱すのではない、あなたが

雑音を乱すのだ」というものがあります。静寂を愛する者として、このことわざの意味についてしばらく考えました。いままで、大きな雑音は、穏やかで平和な状態を乱すものだと考えていました。ですがこのことわざは、雑音によって動揺しているとき、生活の流れを乱しているのは自分自身であり雑音ではない、という事実を教えてくれます。感情の乱れの原因を追及してたどり着くのはいつも自分です。隠れることはできません。私たちは、「知足」から自分を遠ざけてしまうのです。

　感情の乱れに取りつかれるのが簡単なように、外の世界の輝きや期待の方へ意識を取られるのも簡単です。森で過ごした1ヶ月の休暇から戻ったとき、テクノロジーがもたらす刺激について色々考えました。自分の心が「知足」から離れ、刺激を求める世界へ移行していくのを感じ、下記の文章を書きました。

　　ベルの音。それに違いない。休暇中は、ベルの音を聞くことはなかった。誰かが会いに来たことを知らせるドアベルは鳴らない。電話のベルも鳴らないので、携帯の呼出音とそれが2重奏をかなでることはないし、パソコンがメールを受信した受信音と3重奏をかなでて、少なくとも同時に3人が私と連絡を取ろうとする状況は起こらない。それから、1日を始める時間や昼寝から目覚める時間を知らせる目覚まし時計の音も鳴らない。

　　家に戻ってきたいま、ベルの不協和音を聞く。深い瞑想にいざなわれ、純粋な喜びの中で座れる自然界の音とは異なり、このベルの音は、せっかちな監督のように、私をゆ

さぶり起こし、即座の回答を要求する。いま気が付いて。いま答えて。いまやって。静かにやっていたことは忘れさられ、私の意識はベルに移る。私の応答は、イラツキからクリスマスプレゼントを開くときのような興奮まで、実に様々だ。誰が電話をしてきているのか。誰がメールをしてきているのか。もう一人、私から何が必要だというのか。刺激と要求はひっきりなしで、私は、「ここでショーを繰り広げているのは誰?」と思う。気を付けなければ、いろんなベルに操られるヨーヨーのようになりそうだ。ベルに応えるために、自分がやっていることを即座にやめるヨーヨー玉。私は、パブロフの犬のように、刺激を欲するよう訓練されていく。そして、ベルに、自分を「知足」から遠ざけさせている。

感謝

　私たちの文化において、満足し続けることは困難です。であれば、どうやって「知足」に到達し、それを得つづけるのでしょうか。油断していると、「知足」から離れるのは驚くほど簡単です。ある朝の自分の感情を観察して、満足にとどまるためには、感謝することが必要だと再認識しました。その朝私は、友達の家を訪問し、彼女の家の美しさと立地の素晴らしさに感動しました。そうすると、不満が現れ始めたのです。最近、この道を通っていないけれど、いま通っている。地面が少しずつ斜めになり、不満という地に転げ落ちて逃げられなくなる。私は、驚きながら自分の感情を観察していました。私の生活で正しいものはひとつもない、私自身に正しいも

のはひとつもない、と感じる自分がいました。

　私の朝は瞑想で始まり、いま友達の美しい家を訪ねているというのに、なぜ、自分の人生に傷つき不機嫌になっているのか。どうやってこれほどにも早く変わってしまったのか。他人の家に対するわずかな嫉妬心を一瞬持っただけで、1時間もたたないうちに、自分には素敵な家があり、満ち足りた生活があり、健康な体があり、愛すべき家族がいて、人生への情熱があることを忘れてしまったのです。何か不足しているという考えに自分自身を閉じ込めてしまったのです。

　その朝を振り返ってみると、感謝という気持ちが、何らかの理由で私の心から出ていってしまい、不満という感情の影響を受けやすくなっていたようです。その過程を頭の中で逆送りしてみました。私は、持っているものに感謝し、友達に喜ぶ代わりに、感謝から嫉みへと滑り落ちていたのです。

　何年も前、カンザスシティからモンタナ州東部の人口100人程度の田舎に引っ越したとき、私は感謝の大切さを学びました。その頃は、ヨガのスキルを持っていませんでしたし、寛大と言える心も持っていませんでした。都会慣れしていた自分にとって、引っ越しは大変な出来事でした。失望の底にあった私にある日、あるアイディアが浮かんで、それに挑戦してみることにしました。それは、「ありがとうゲーム」というものでした。ありがとうゲームというのはどんなものかはっきり決めていませんでしたが、私は、生活のいたるところで立ち止まって、心から感謝し始めました。そうすると、世界が全

> 感謝することを実践すると、自分のことを惨めで小さい人間だと感じることがなくなる。自分の軸を持ちながら、人生の喜びや広がりを感じられる。

く変わって見えるようになりました。足取りが軽くなり、色々なこと
に笑うことができるようになり、心に感謝の気持ちを持てるようにな
りました。イキイキと感じ、その小さな町が魅力的に感じました。

　感謝することを実践すると、自分のことを惨めで小さい人間だと
感じることがなくなり、自分の軸を持ちながら、人生の喜びや広がり
を感じることができます。刺激が私たちの注意を引きつけ、心の乱
れが私たちを招くとき、感謝の言葉を唱えれば、「知足」に根を下
ろしてとどまることができます。

軸を持つ

　仏教では、不動の穏やかさを持つことが説かれています。つまり
は、動かない軸を持つことです。私は「知足」を、強い風が吹いて
も倒れない、地に深く根ざした高い木のようなものとイメージしてい
ます。それは、人生の浮き沈みに影響を受けないということです。
またそれは、いまという瞬間にあることを認め、それを歓迎するこ
とです。現代社会の雑音や要求のなかにあっても、不動の軸を持
つ。これが、「知足」が私たちに勧める生活です。感謝し、「探
さない」ことがこの宝石に私たちをつなぎとめてくれます。

追いかけない

　サントーシャにはある法則があります。それは、私たちが探せば
探すほど、欲すれば欲するほど、満足は逃げていくということです。
私は、「知足」という幻想をいつも見ているように感じます。頭の
中では、いつも軸を持ち、落ち着き、人生はいつも自分にとって完璧
なものだとイメージしているのですが、このイメージ自体が、自分を

「知足」から遠ざけているようです。考えてみると、気分が良いとき、物事が順調に進んでいるとき、そして自分のことが好きなときは、満足を感じるのは簡単です。ですが、周りで問題が起こったり、思わぬ割込みが入ったり、退屈や憂鬱を感じるときはどうでしょう。

　ある瞬間において、何か不足しているものがあるという幻想から、不満は生まれます。不足しているものは何もありません。その瞬間は完全なものです。例えば、退屈や悲しみを感じているとき、その退屈さや悲しみに満足できないと、私たちは不満になります。退屈や悲しみ、いらだち、憂鬱、失望、欠如といった感情に満足することで、地に深く根ざす木のようになり、強い風にも倒されることがなくなります。不満足な状態に満足することが、穏やかで深い心を持つための秘訣なのです。

　満足を探さないという行為により、私たちは自分が持っているものに感謝できるようになります。スワミ・ラマは、「知足とは、自分の人生と恋に落ちること」と言っています。多くの人にいまも愛される名作『オズの魔法使い』でドロシーは、長い旅に出ますが、結局彼女は自分がいたところに満足だったことを発見します。スワミ・ラマの言葉のように、ドロシーは自分の人生に恋に落ちたのです。

　サントーシャ、「知足」は純粋な喜びを得るために必要となる正当な行為です。この瞬間にあるもの以外は、何も存在しません。瞬間に対して純粋であるとき、その瞬間は完全です。その瞬間に、違う瞬間の期待を満たそうと行動すると、例えば、体を鍛えること自体を楽しむのではなく、ある体型を手に入れようと運動すると、「知足」

> ある瞬間において、
> 何か不足しているものが
> あるという幻想から、
> 不満は生まれるが、
> 不足しているものは
> 何もない。
> その瞬間は完全なもの。

から離れてしまうのです。行動がその瞬間に完成しているとき、過程そのものを楽しむとき、行動がそこにあり、そこにあることが「知足」となるのです。

　私は様々な宗派の聖者について学び、彼らから影響を受けています。神様を信じる方法は異なっていても、皆神様を信仰しているという事実に違いはありません。聖者たちは神様を愛すことに忙しく、他の誰からの承認も必要としていません。彼らの愛と感嘆にあふれた眼差しは彼らを欲望から遠ざけ、彼らを「知足」から引き離すことは誰にもできません。

　禅の師である前角老師は、「いま一度死んで、人生を楽しめばよい」と言っています。神話は、欲求や心の乱れ、そして刺激という面では死んでいて、それゆえに「知足」という穏やかさにあることができます。人生はあらゆる瞬間において完全で、何も不足していないという理解の上に、神話は書かれています。私たちもこのことを理解できれば、「知足」に根を下ろすことができます。

探究のための問い

　以下の質問を自分に問いかけながら過ごし、自己観察の時間を作り、日記をつけることで、知足の練習をし、新たな発見をしましょう。これからの1ヶ月間、スワミ・ラマのこの言葉を思いながら過ごしましょう。

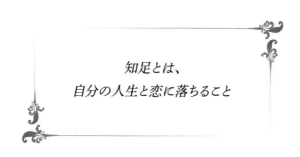

*知足とは、
自分の人生と恋に落ちること*

1週目：今週は、次に起こる物事に準備する自分や、外側に満足を探す自分に気が付きましょう。気が付いたことを日記に書き出してみましょう。

2週目：好きなことを得て、嫌いなことを避けるためにどれだけ自分がエネルギーを使っているか観察してみましょう。そうするなかで、体の中に「こだわる」感覚が現れるか確認してください。気が付いたことを書き出してみましょう。

サントーシャ（知足）

3週目： 今週は、自分の心の乱れに対して自分で責任を負いましょう。いら立ちや動揺の原因を自分までたどってみましょう。心が乱れる状態にとどまるのか、穏やかな知足の状態（心を乱す感情に満足した状態）に戻るのか選んでください。

4週目： 今週は、感謝することと、追いかけないことを実践しましょう。いまある瞬間がその状態であることに感謝しましょう。神秘主義者マイスター・エックハルトの「生涯のうちに唱える祈りが"ありがとう"だけであっても十分だ」という言葉についても考えてください。

1ヶ月を通して、スワミ・ラマの言葉を考え、自分の人生に恋に落ちましょう。

131

8つ目の宝石［自己鍛錬］

タパス
तपस्

勇気を持って、神の恵みが来るまで
炎の中にとどまれるか

～ キャサリン・ラーセン

タパス（自己鍛錬）

　私の夫は、街外れの広大な土地で育った思い出についてよく話します。彼の父は、土地を管理するために定期的に野焼きをしました。彼の父は、不慮の事故が起こらないように、天気予報や風の速さと向きを念入りに確認し、慎重に準備しました。そして、困惑する夫が見守るなか、夫の父はマッチで火をつけ、それを野に放ちました。そうすると、全てが火に飲み込まれていきました。小さい子どもだった夫には、野焼きの意味がわかりませんでした。焼けてまっさらになった土地を眺めると、全てが焦げた荒地のように見えました。ですが数週間後、一見死んで見えた土地から小さな緑が芽生え、新たな始まりとなるのです。夫は、よい作物を育てつづけるためには、土地を野焼きすることで不要な有機物を燃やす必要があることを理解していきました。

　タパスの文字通りの意味は「熱」ですが、カタルシス、禁欲生活、自己鍛錬、精神努力、変化、我慢、そして変換などと解釈されます。

> タパスは、
> 強さを持つ
> 素晴らしい人間に
> なるための
> 確固たる努力

タパスには、自己を鍛錬することにより火の中で「調理」し、違う物質に変化させるという意味があります。強く素晴らしい人間になるには、確固たる努力が必要です。卵を料理すると、卵の特性が変わるように、タパスは物の成り立ちを変えるものです。タパスは私たちの特性を変え、人生に起こるいかなるチャレンジにも耐えうる存在に私たちを形成し直すのです。タパスは、肉体と思考の悪習慣を焼き払う毎日の選択です。将来のために、一時的な快楽を放棄することです。

タパス（自己鍛錬）

インドには、過激な禁欲生活を実践する修行者がいます。彼らは、冬のさなか、腰巻きのみを身につけ、3時間寒さのなかで過ごします。水が入った容器に金具を装着して、冷たい水が頭上から裸体に流れ落ちるようにします。その状態で3時間いつづけるのです。この水行を、45日間連続して行います。夏のさなかには、自分の周りに5つの焚火を燃やし、さらに容器内で火を燃やし、自分の頭上に置きます。燃え盛る炎の中で3時間座ります。この火行も、45日間連続して行います。このような苦行は、外の世界から揺さぶられ、妨害を受けても、揺れ動くことのないしっかりとした軸を持つための訓練です。どのような考えや恐怖心が浮かんでも、そのままそこに座り続けなければなりません。

ここまで厳しい訓練をする必要はありませんが、この苦行の例は、タパスの教えを理解する手掛かりになるでしょう。野焼きのように、まず現在の生活のなかで何が可能で、何が安全で、何か時宜にかなっているのかをしっかり見極めなければなりません。そのような「風」を見極めた後にはじめて、怠惰や自分勝手な願いを、マッチに火をつけて燃やします。定期的にヨガマットを敷きポーズを練習することや、無償の奉仕活動を行うことなどで、私たちはより良い人間へと成長できます。自分の人生から「よい作物」を得るために、私たちは自己の意思で「熱」に耐えるのです。

この教えが説くのは、個人の努力についてだけではありません。予期せぬ不幸、悪化する病、大波乱、そして絶望的な状況についても説いています。このようなとき、私たちは焼かれる大地で、風を確認して火を放つのは神様です。夫が、彼の父の行為を見て意味がわからなかったように、起こっている最中は誰もその意味を理解できません。

ですがそのような行為は私たちを変え、より深みのある人間へと

> ## 絶望的な状態が私たちを変え、より深みのある人間へと形成してくれる

形成し直してくれるのです。不要なものが燃えると、私たちは、論理的には理解できない不思議な力により、いままで以上に慎ましやかで強い人間になれます。つまり、苦痛、欠如、困惑などの暗い感情が、私たちを深みのある人間に成長させるのです。

精神指導者ラム・ダスは、タパスという宝石について雄弁に語っています。絶対に自分はならないと思っていた脳卒中になり体が弱ったとき、彼は、自身や他人が年を重ねることの良さや影響を考える、という新しい任務を手に入れました。彼はただ脳卒中が起こったとは言わず、神が脳卒中を引き起こしたのだと話しました。彼は、神の愛により自分が焼かれる経験を「荒々しい慈悲」と表現しました。

車のバンパーに貼るステッカーで、「危機を無駄使いするのはもったいない」と書かれたものがあります。笑うのは勝手ですが、このステッカーが言うことは事実です。タパスは、全能力を使い果たし、残っているのは弱みのみで、使える道具もない状況に私たちを連れていきます。自分の可能性を使い果たした不毛の土地において、与えられた挑戦に勇敢に立ち向かうことで、新しい強さが形成され、自分が生まれ変わるのです。これは、人生が私たちに与えてくれる最高のプレゼントかもしれません。

シャーリーン・ウェスターマンは、危機がもたらす浄化（カタルシス）の危険と可能性について語っています。彼女が言うには、カタルシスを体験する際に私たちには2つの選択肢があります。壊れて潰れるか、壊れて開けるかです。カタルシスは避けて通れない状況で、その形や結果もわかりません。ですが、毎日の練習を重

ね、不快な感情とうまく付き合う能力を高め、小さくとも毎日正しい選択を重ねることで、カタルシスに準備することができます。

日々の練習とタパス

サカジュイア湖の近くに住んでいた頃、幸運にも、誰にも会わずに湖岸の道を何キロも歩くことができました。ある日、湖岸にアオサギの大きな巣地を発見しました。アオサギが私のことをほとんど警戒しなくなるまで、何度もここへ通いました。卵が産みつけられ、その卵が温められる様子を観察しました。それから、ヒナが狭苦しくなった卵の殻を破り、外に出てくる様子、親鳥が新たな命をかわいがり、餌をやる様子、ヒナが育ち、けむくじゃらの物体からサギらしくなる様子、そして飛ぶ練習を始める日もこっそり見守っていました。

鳥は自然に飛べるものだと思っていましたが、そうではありません。笑ってしまうほど失敗を繰り返すのです。親鳥がわざと遠からず近からずの場所へ飛び、子どもが自主的に飛ぶように促しました。勇敢な子どもが、巣から少しだけ出て羽を動かし始め、それからもっと勇敢になり、巣を飛び出し、風をとらえ、着地する練習をするのを見ました。巣に着地しようとして、それを何度も外すところを見ました。おっと！私は、これまでにないぐらい大笑いしました。また、飛ぶことを学習するサギの美しさに魅了されました。

私たちは、このサギのように、赤ん坊の頃に歩く練習をしたのですが、それを忘れてしまっています。何度も転んだこと、そして何事にも練習が必要だったことを忘れています。音楽家として成功を収めたレイ・チャールズは、いまだに練習をしてコンサートに備えるのか聞かれて、音階の練習を毎日すると答えました。指が音階

> 私たちは、何かを
> 達成するために
> 練習を重ねているか。
> この質問を最後に
> 自分に聞いたのは
> いつか。

を覚えていれば、何でも弾けるからです。私たちは、何かを達成するために練習を重ねているでしょうか。そして、この質問を最後に自分に聞いたのはいつでしょうか。

　孫のティアナは3歳のときすでに、ステージで歌ったり踊ったりすることが自分のやりたいことだとわかっていました。彼女は、他の子どもがやるような遊びをほとんど放棄して、何時間も練習し、気に入った歌手の言葉や身ぶり、そしてダンスステップをまねしました。そして彼女は、完璧な歌と踊りを私たちに披露してくれました。ティアナは、将来何か達成するためには、現在の努力が大切だということを理解していたのです。

　ヨガでは、毎日行う練習のことをサダナ*と言います。それは、小さな野焼きを自分自身に毎日行うようなものです。自分の中にたまった古い堆積物を取り除くために、自分に何かを強いることです。摂取する食物の量を加減する、ウォーキングやヨガなどの運動を取り入れる。何かを学んで自分の能力を高める、それから仲間と聖書を勉強するとき、自分に何かを強いていると言ってよいでしょう。鍛錬は、不要な体重、怠惰な習慣、運動不足の心や体、錆びついた思考、そして不要な精神を除去することから始まります。ヨガの師パタビ・ジョイスは「練習を重ねれば、全てがやってくる」と言っています。

＊サダナは、精神的規律という意味を持ちます。規律を守ることが満足を得ることになると示唆しています。落ち続ける水滴がいつか石の形を変えるように、練習の継続が変化や充実感をもたらします。サダナとは、日々の練習を継続することです。

また、アッシジのフランチェスコは、彼の有名な祈りの文句の中で、人間の変化の可能性について雄弁に語っています。

神は私を平和の道具とする
憎悪があるとき愛を広めさせてくれる、
傷があるときは許しを、
疑いがあるときは信じる心を、
絶望があるときは希望を、
暗闇があるときは光を、
そして、悲哀があるときは喜びを
広めさせてくれる

これは、嫌悪感をむき出しにする人間が愛を表現する人間に変わり、平和を邪魔する人間が平和を創る人間に変わることを嘆願した祈りです。まさにこれはタパスの祈りで、私たちがいままでと異なる形で人生に参加することを勧めています。

しがみつく力とタパス

気に入っている聖書の話のひとつに、天使*と格闘するヤコブの話があります。ヤコブはその日とてもついていない一日を過ごしていました。実際、ヤコブは何年もついていない日々を過ごしていま

---

*聖書では「天使と格闘するヤコブ」と書かれていますが、その存在が何だったかは、はっきりわかっていません。

した。家族をだまして長子の権利を奪った彼は、遠くに住む叔父ラバンの元へ逃げ、何年もの間そこで過ごさなければいけなかったのです。歳月が過ぎたいま、ヤコブは妻子や家畜と共に生家を目指しています。ヤコブが生家に近づくと、仲たがいをした兄が大勢の軍隊と共にいるのが遠くに見えました。昔彼がだました兄です。ヤコブは、これから起こることを予測し、良くない事態になるだろうと考えました。

　そんな一日を過ごしていたヤコブに、さらに良くない事態が起こりました。川岸でひとり野営をするヤコブの元に何者かが現れ、闘いをしかけてきたのです。このときヤコブは、「このタイミングで」と思っていたに違いありません。ヤコブはやむをえなく反撃し、互角の戦いが夜明けまで続きました。家族の問題の上にこんなことがあり、ヤコブは疲れ果てていたに違いありません。

　夜明けに、状況が一変します。ヤコブは闘っている相手の偉大さに気が付くのです。それは、強大な力をもつ者で、一晩中ヤコブをもてあそんでいただけだったのです。これに気が付いたヤコブは、恐怖に慄き逃げ出す代わりに、意外な行動に出ます。それにしがみつき、祝福されることを要求したのです。それの偉大な力を知ってもなお、しがみつき続けました。そして、一晩中ヤコブに戦いをしかけてきたそれは、ヤコブに祝福を与えました。その時、ヤコブはイスラエル＊という名前を与えられ、世界に影響を与える国の偉大なリーダーとなったのです。

　聖書でははっきり書かれていませんが、その時ヤコブは闘っている相手を知りませんでした。人か、天使か、超自然物体か、神様

＊イスラエルという言葉には、「神との闘いに勝った者」
　という意味があります。

タパス（自己鍛錬）

か、それとも悪魔なのか。何者かわからぬまま、彼はそれに祝福されるまでしがみつくのです。

　私たちもしがみついている者の正体がわからないことがよくあります。そしてそれが、暗く威圧的な存在にさえ思えます。予測不可能で恐ろしく感じる次の数分間をどうやり過ごせばよいかわからないとき、私たちはヤコブのようにしがみつくことができるでしょうか。しがみつかれたものにしがみつき返して、祝福されるまでその手を離さずにいられるでしょうか。苦しみを生み出す何かに逆に祝福さ

> 予測不可能で
> 恐ろしく感じる
> 次の数分間をどう
> やり過ごせばよいか
> わからないとき、
> 祝福されるまで、
> しがみつくことが
> できるか

れるまで、火の中にとどまり、自分を燃やし、自分を高めることができるでしょうか。

　ヤコブは、祝福だけを受けて、この場所を去ったわけではありませんでした。闘いの最中、その偉大な存在はヤコブの臀部に一撃を加え、ヤコブの関節をずらしました。ヤコブはこの後生涯、足を引きずって過ごしたのです。カタルシスは、私たちを無害で済ましてくれません。私たちは、祝福と共に傷を負うのです。

　十字架のヨハネは、彼の著書『暗夜』で、タパスの意味について書いています。当時、先鋭的な見解を持っていたヨハネは、仲間の修道会士によって修道院で幽閉され、飢餓と虐待に苦しみ、カタルシスの厳しさを実体験しました。彼が書き残した本には、炎によって変身する過程が、火にくべられる薪を例に書かれています。燃やす前の薪は、炎に似ても似つかない姿をしています。また薪の外側に何か不純なものでもあるかのように、火にくべてすぐは異臭を発します。ですが、その薪が少しずつ炎にまかれ、最終的にはそれ

自体が炎となるのです。

ヤコブが負った足の傷のように、十字架のヨハネが受けた傷は、生涯彼の健康をさいなむものでした。ですが、その出来事があっ

> タパスは、
> 燃やされることと
> 祝福されることを
> 自ら望むこと

てから十字架のヨハネは神といつでも対話できるようになり、カタルシスという暗い夜が明けた後、彼は神の腕の中に行くことができたのです。タパスは、恐れをなして逃げずに、知らないものや不快なものの中にいつづける能力を育てます。燃やされることも祝福されることも自ら望んで実行しなければなりません。

タパスを選ぶ

ある友達が、8年間の共同事業を解消した経験について話してくれました。当時、彼女は職業を変え、新しい街へと引っ越したのですが、それは彼女にとって困難な変化でした。「その頃は、どうしていいかはっきりとわかっていませんでした。呼吸が浅くなり、食欲もなくなりました。恐怖や心配の中で身動きできなくなるような思いがして、この大変な時期を過ごすために何か支えが必要でした。そして、元の共同事業者も同じような変化を経験していました。彼も事業を解消した後、新しい職業につき、新しい街へと引っ越しました。そして、大変な時期をやり過ごすために何か支えが必要だったのです。私はヨガに出合い、1日200回の腹筋運動という激しい練習に取り組みました。彼は、酒とタバコと女性に溺れました。その変化の1年が過ぎた後、私たちに現れた結果は全く異なりました。私は、自分の内面から得られる静かな強さを持っていました。彼は、バラバラで、疲れ果て、制御不能でした。」

上の話は、私たちが危機に直面した
ときに与えられる選択肢について話し
ています。負った傷に応急処置をして
逃げるのではなく、上の友達のように
内面を鍛えることを選べれば、私たち
も自分を新しい可能性へ導くことがで
きます。過敏な10代という時期が、
私たちを子ども時代から大人時代へ

> 「危機」は、
> 私たちを拾いあげて
> 違う場所へ置く。
> 私たちはその過程を
> 信じられるか、
> それとも逃げて
> 隠れるのか。

と移動させるように、「危機」は私たちをある場所から別の場所へ
と移動させます。私たちはその過程を信じられるでしょうか、それ
とも逃げて隠れるのでしょうか。

　あらゆる瞬間が、正しい行動を取るチャンスです。多くの場合、
自分自身を「炎」に準備することは、目先の満足や喜びを放棄する
ことです。内なる声を聞いて、未知で不快で、苦しみを伴うものに
自分自身をゆだねることは、タパスの祝福を受けられるように自分
自身を準備することです。

　私たちが望めば、タパスの教えは、私たちをより深い人間へと変
革してくれます。私たちを分解し恒久的に変える炎に耐えられます
か。毎日練習をし、逃げずに、正しい選択をすることで、準備するこ
とができますか。そのまま炎の中にとどまり、祝福されるまで待つ
ことができるでしょうか。

探究のための問い

　以下の質問を自分に問いかけながら過ごし、自己観察の時間を作り、日記をつけることで、自己鍛錬の練習をし、新たな発見をしましょう。これからの１ヶ月間、神秘主義者ルミのこの言葉を思いながら過ごしましょう。

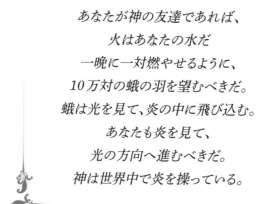

あなたが神の友達であれば、
火はあなたの水だ
一晩に一対燃やせるように、
10万対の蛾の羽を望むべきだ。
蛾は光を見て、炎の中に飛び込む。
あなたも炎を見て、
光の方向へ進むべきだ。
神は世界中で炎を操っている。

１週目：人生の中で、危機がもたらす浄化（カタルシス）を経験した時期を思い出し、その時期がどのようにあなたを成長させたか思い出してください。苦悩から逃れたことや、「炎」の中にとどまり祝福を待ち続けたことを思い出してください。

タパス（自己鍛錬）

2週目：今週は、自分の本質に良い影響を与える食事、瞑想、回想、その他の行為を選択してください。情熱をかける何かのために、自主的に、自分自身を「熱」の中に入ることができますか。

3週目：今週は、不快な状況の中にもう1分長くとどまる練習をしてください。不快さという「熱」に我慢することができましたか。不要な批判や意見、期待を「熱」で燃やせましたか。

4週目：今週は、日々の選択に意識を向けてください。怠慢な選択をしていますか、それとも自分の強さを鍛えるための選択をしていますか。内なる声を聞き、人生の「熱」に準備するための選択をしましょう。

1ヶ月を通して、ルミの言葉をじっくり考え、「熱」を歓迎しましょう。

9つ目の宝石[自我の探究]

スワディヤーヤ
स्वाध्याय

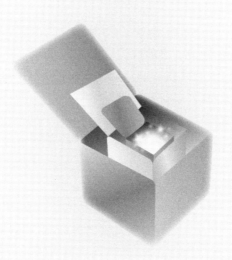

自己を知ることで、
完全で偉大な存在へと成長する

〜 キャサリン・ラーセン

スワディヤーヤ（自我の探究）

　兄と私が小学生だった頃、毎年クリスマスに父がもらうプレゼントは物足りないと感じていました。大好きな父にはもっと素敵なプレゼントが必要だと感じていたのです。ある年、私たちは父に何かプレゼントすることに決め、家族や親戚にもらったお小遣いと子守で稼いだお金をクリスマスまで全て貯めました。それから、母に宝石店に連れていってもらい、私たちが買える一番美しいダイヤモンド・リングを父に買いました。私たちは、とても満足でした。

　家に戻った私たちは、このような特別なプレゼントには、特別な包装が必要と考えました。そこで、合計7つの箱を集め、一番内側の箱にダイヤモンド・リングを入れ、それを次々と少しずつ大きな箱に入れていきました。そうして、大きなプレゼントが出来上がりました。その大きなプレゼントに包装紙をかけて、クリスマスツリーの下に置きました。父がプレゼントを開けるときに、十分にワクワクする時間があるように気遣った取り計らいでした。

　クリスマスの日が来て、兄と私は楽しみに隣同士に座りました。1年間かけて用意した特別なプレゼントを父が開ける日がついにやってきたのです。父は、大きなプレゼントの包装紙を取り、次々と箱を開けていきました。やがて父は、冗談をしかけられているのだと思い、わざとらしく喜んだりがっかりしたりして見せました。最後の箱を開けるとき、父はその中にも何も入っていないと思いましたが、それは間違いでした。愛する2人の子どもが力を合わせて買った、光り輝くダイヤモンド・リングを箱の中に見つけたのです。このときの父の顔は、私も兄も一生忘れることがないでしょう。

　人間も、この何重もの箱に詰められたダイヤモンド・リングのよ

うなものだとヨガ修行者は言いま
す。私たちの本質は魂です。こ
の純粋な魂の周りに、経験、条件
付け、そして信条といった「箱」が
あるのです。それは、自己認識
や、自分が掲げる正義、好きなも
の、嫌いなもの、怖いもの、想像な
どで、「箱」は国や文化、性別、
街、祖先、家族の歴史、所属する

> スワディヤーヤ、
> 「自我の探究」は、
> 自分の本質は箱に
> 囲まれた魂だと知ること。
> 自分を知り、自分を
> 囲む箱について
> 知ることで、自由への
> 道を見つけられる。

グループや、個人の経験などによって形成されます。

　東洋で語り継がれている話が、この「箱」の概念をよく表してい
ます。あるとき、神様は人間を創りました。取り返しのつかない間
違いを犯してしまったと思い、神様は、長老たちが集まる審議会に
助けを求めました。集まった長老たちの前で、神様はこう言いまし
た。「人間を創ったのですが、どうしていいかわかりません。人間
たちはひっきりなしに私に話しかけ、様々な要求をし、休む暇がなく
なりそうです」。窮地に立たされた神様の相談を受け、長老たち
は、エベレスト山か月、または地球の地底深くに隠れてはどうかと神
様に提案しました。すると神様は、「いいや、人間は頭がいい。い
つかそこで私を見つけてしまう」とがっかりした様子で言いました。
最終的に、ひとりの長老が神様に近づきある提案を耳元で囁きまし
た。そして、神様は「それだ！」と叫びました。「人間一人ひとりの
中に隠れるんだ。そこであれば絶対に見つからない！」

　我々は、自分が何者か忘れる故に苦しむのだ、とヨガ修行者は
言います。私たちは、何重もの箱の中に隠れている魂だということ
を忘れ、その囲んでいる箱が自分だと勘違いしています。スワディ
ヤーヤ、「自我の探究」は、自分の本質が魂だということを理解し、

その魂を囲む箱について理解することです。他のものに映し出される自分自身の姿を見たり、自分の行動の原因を自分の信条までたどったり、勇気を持って現実を直視したりすることで、自分の箱を理解できます。自分を知るという過程、つまり自分を囲む箱を知るという過程は、自由への道を開きます。エゴ（自分の「箱」）にいた自分を、傍観者という立場に移し、そして最終的に、魂という真の姿に合致させることができれば、「自我の探究」という宝石がもたらす褒美を十分に楽しむことができます。

投影

　ある実験をしてみましょう。あなたが見る世界がどのような所か、深く考えずに、思い浮かぶ文章を5つ書き出してください。書き出した文章を見てください。あなたが世界を表現するのに書いた文章は、あなた自身について語っています。それは、自分がどのような信条や人生観を持っているかについて書かれたヒントです。世界や他人、出来事、そして人生について思いつく文章は、あなた自身、つまりあなたの内側の景観を写し出しています。描写されている世界が、あなたの自伝なのです。

　テレビ番組『燃えよ!カンフー』の再放送の話に戻りましょう。小さい頃のケインは、寺院で親しみを込めて「コオロギ」と彼の師に呼ばれていました。ある日コオロギは、小さな池で魚を眺めていました。師がコオロギに、「何匹の魚がいる?」と尋ねると、コオロギは「12匹です。先生」と答えました。「よろしい。では、池は幾つだ?」と師は聞き返します。答えが明らかなこの質問に少し戸惑いながら、コオロギは「1つです。先生」と答えます。すると、師は「違う。12だ。12の魚がいて、12の池がある」と言いました。

スワディヤーヤ（自我の探究）

もし、上記の世界がどのような所か表現する文章を500人に書かせれば、人の特性はそれぞれ異なるので、500通りの世界が出来上がることでしょう。500人の人間がいて、500通りの世界があるのです。

　世界や他人は私たちが見ているものを反射しているだけで、私たちはそこにあるものを見ているわけではありません。どの方向を見ても鏡があり、いつも自分を見ているような状態です。世界や他人が持つ特性が自分にもあるからこそ、それを好きや嫌いだと思うのです。世界に映し出される景色は、自分によって変化します。自分の気分や心理状態が変わると、周りに見える景色が変わります。つまり、世界は自分のストーリーに合うように変化するのです。

> 世界や他人が持つ
> 特性が
> 自分にもあるからこそ、
> それを好きや
> 嫌いだと思う

　小さな現実世界を作り出しているのは自分なので、自分が死ぬときにその世界も死ぬと、仏教では言われています。瞬間、他人、自分、そして人生について、どのようなストーリーを自分に言い聞かせているのかじっくりと注意して観察すると、自分自身を取り囲む「箱」、つまりは小世界についてのヒントを得ることができます。自分が発するどのような言葉も、気に入っている、気に入っていない、認識していない、または許容できない自分の一面を投影しています。

過去をたどる

　私たちは大抵、何か問題が起こって初めて、自分が持っている信条や条件付けに気が付きます。問題が起こることは、よい機会だ

と捉えることができます。その問題に対する自分の意見は、意識的に、または無意識のうちに身につけた信条に遡ることができます。つまり、問題の原因をたどっていくことで、自分自身を囲っている箱を開けられるのです。

　例えば、私の実家では、兄弟同士でけんかすることが禁じられていました。愛を重んじる家で、それは絶対にけんかをしてはならない、ということを意味していました。気づかないうちに、私はこの信条を大人になっても持ち続けていました。誰かがけんかしているのを見ると、それは間違った行為だと決めつけ、けんかをするということは愛がないということだと解釈していたのです。ある日、けんかに対する自分の意見を観察して、それは子どもの頃に植え付けられた信条からきていることに気が付きました。そして、けんかをすることで愛情を表現する人もいて、けんかは必ずしも悪いこととは限らない、と理解するようになりました。愛情の表現方法は人によって異なることを理解しました。愛とはけんかをしないこと、という信条にとどまることなく、新しい愛の側面を受け入れたのです。

　また最近、玄関で靴を脱ぐスタイルの保養所に行きました。休憩中に、靴を履いて外に出ようと思ったところ、私の靴はなくなっていました。すぐに、他の女性が履いているのを見ました。私は、いら立ちを感じました。他人が自分の靴を履くことは気にしないはずなのにと思った私は、自分はなぜいら立ちを感じるのか考えました。そして、私の靴を履いてもよいか、彼女が聞いてくれなかったことに、自分は怒っていたと気が付きました。子ども時代、何かもらうときは必ず「お願いします」や「ありがとう」を言うようにしつけられました。もし言わなければ、罰を受けました。他人が自分の靴を履くことは気にしないけれど、自分の信条に合致した行動を他人が取らないことにいら立つ自分の存在は、興味深い発見でした。この発

見で、自分の信条がどれほど根深いものかわかったのです。

条件付けや信条の形成は、私たちが小さな子どものときから始まります。ある日、学校の休み時間に

> 自分の信条に
> 合致した行動を
> 他人がとらなかったこと
> にいら立っていた

大勢の子どもたちが学校から出てくるのを見ました。そして、ひとりの子が、「やっと自由の身だ！」と叫ぶのを聞きました。思わず笑ってしまいましたが、同時に、この子の信条は今後どのように彼を形成していくのか心配になりました。私たちは、早い段階で、家の習わしを学び、社会のしきたりに沿って自分を作り上げます。この早い段階での条件付けが私たちを形成し続け、私たちの深層心理の中に入り込み、自我を形成します。これにあらゆる経験への反応が追加され、箱と包装紙にきれいに包まれた自分が出来上がるのです。

私たちは、問題、つまり自分の信条と合致しないことが起きると、外のせいにして、自分自身の考えや心情を正当化する傾向があります。勇気を出して問題の原因を自分自身までたどり、自分が入っている箱を開けば、自由を解き放ち、真の自分の姿に近づくことができます。過去をたどることで、自分が持っている「こうあるべき」、「これが正しい」、そして「これは間違い」といった信条をさらけ出すことができます。

アントニー・デ・メロ司祭は、このような信条のことを「現実モデル」と呼びます。また彼は、「私たちは、他人や物事がこれに合致しているとうれしく感じ、合致しないときは残念に感じる。他人や物事は私たちを失望させない。私たちの"現実モデル"が失望させるのだ。喜びも失望も"現実モデル"によって決まる」と言います。私たちは、自分の信条に合致しない出来事が起きても、信条

や条件付けという箱に入ったまま、その出来事に全力で抵抗し、自分の考えを正当化しようとします。自分の信条を変えることに抵抗することは、父がクリスマスプレゼントの包装をずっと開けずにいるぐらい意味がないことだと、デ・メロ司祭の言葉は示唆しています。

　開けられるのを待つプレゼントのように、箱に入っている真の自分は、人生に起きる出来事によって開封されるのを待っています。特に、我慢できないと思う人や、こんなときにと思う割り込み作業は、この上ないチャンスです。アントニー・デ・メロ司祭は、「気分が害されるとき、悪いのはいつも自分自身だ。やってくることに対して準備ができていない、それに対応する力がない、または抵抗する自分がいるだけだ。原因がわかれば、前進できる」と言っています。

怖がらずに見る

　私たちは、目を見開いて、問題という荒波の一つひとつを直視しなければなりません。この本の執筆中、学校での銃乱射事件が起き、それはまた、いままでで最も多くの犠牲者を出しました。私たちの世界は、痛みや苦しみ、そして憎悪であふれています。いままでの自分の人生を振り返ると、アフリカでの飢餓、ベトナム戦争で戦死した多くの兵士、ニカラグアの母親たちの失望などが、私の心を動かし同情的な行動を取らせてきました。現実の世界を見ずして、どうやって自分の心を育てられるでしょう。目を閉じてしまうと、立っている土台がズレてしまいます。怖がらないで直視することが大切です。

> 私たちは、
> 目を見開いて、
> 問題という荒波の
> 一つひとつを
> 直視しなければ
> ならない

スワディヤーヤ（自我の探究）

　発展途上国を旅して、どれだけ真実がさらけ出されているか気が付きました。年寄り、病人、死を迎える者、腹を空かせる者は、この国のように隠された存在ではありません。スワディヤーヤの教えは、同じように真実をさらけ出すことを私たちに勧めています。自分の気に入らない部分を隠すのではなく、それに親切心と思いやりの心を持って接するのです。自分の嫌いな部分にも神様は宿っています。

　抑圧者に対してひどくいら立ちや怒りを感じたことはあるか、ある記者がガンディに尋ねたのを覚えています。ガンディは、おごそかに「ない」と答えました。なぜなら、抑圧者の言動も自分の中に存在する性質だということを、彼は理解していたからです。ガンディは、怖がらずに自分の全ての感情を直視することができました。その恐れのない行動により、親切心と思いやりに根付く勇気を持ち続けることができたのです。ガンディは、否定することは、真の姿から自分を遠ざけることだと知っていたのです。

　アメリカンインディアンのチェロキー族の話があります。ある祖父が孫に、私は胸の中でオオカミと羊という2匹の動物を飼っているのだと話します。孫がその動物をどうしているのか尋ねると、祖父は「羊に餌をやっている」と答えます。この話は、私たちが抱える現実について美しく描写しています。私たちは、自分の中のオオカミを尊重しなければなりません。そうしなければ、私たちは偽善者となり、オオカミに食べ殺される危険さえあります。そこにいない振りをすると、無意識のうちにそれに使われることになるのです。ですが、私たちは羊に餌をやり、自分をより愛情深い人間に育て上げることができます。自分のワガママや意地汚さを認め、その上で自分の良心に餌をやるのです。

エゴの役割

　エゴは、ある出来事を「私の」出来事へと変換する思考の機能です。エゴは、必ずしも悪い存在ではありません。私たちはエゴなしで生きることはできないのです。エゴは、感覚器官からの情報を個人の体験へ変換します。例えば、犬が吠えているという聴覚からの情報が入ると、エゴはそれを「（私は、）犬が吠えているのが聞こえる」というように、個人の体験へと変換するのです。そして、その体験はさらに、自分の価値観と結びつけられます。そうして、自分のいままでの経験により、犬が吠えていることに対する意見を持つことになります。昔、犬に襲われたことを思い出して、その声にいら立ちを感じるかもしれないし、恐怖を感じるかもしれません。もしくは、小さい頃にかわいがっていた犬を思い出して、その犬をなでに行きたいと思うかもしれません。この例が示すように、エゴは中立的な出来事を、個人の体験へと変換し、過去の経験と照らし合わせて、色付けをするのです。

　上記のように、思考は、一つひとつの体験に特徴を出すように設計されています。公園を歩く、おいしいチョコレートを食べる、友達と電話で会話するという経験があるのは、全てエゴのおかげです。ただし、物事が手に負えない状況になるときは、エゴが本来の役割を忘れ、何よりも偉い存在になろうと突っ走っています。こうなると、「私の」出来事は孤立し、自分の信条を「現実モデル」として使ってしまうのです。信条は誤ったものでも正しいものでもありませんが、それは私たちを制限します。自分を制限してしまうことは、古い習慣にとらわれ、現状の自分で妥協してしまうことです。

　信条の箱を開けると、強い感情や、ときには痛みを伴う感情が開

放されます。こういった感情は大抵、「現実モデル」を作り出すときに、無意識のうちに使われた記憶に付随する感情です。旅行から戻ると、スーツケースにあるものを一つひとつ片付けなければならないように、私たちは、箱を開ける度に、隠されていた体験に付随した感情に一つひとつ向き合わなければなりません。感情を開放することは、泥の

> 信条の箱を
> 開けると、
> 強い感情や、ときには
> 痛みを伴う感情が
> 開放される

中を泳ぐくらい不快な体験になり得ます。その時点では、気が進まないかもしれませんが、箱を開けることは素晴らしい浄化となるのです。

　成長の道はまっすぐではありません。想像していたより複雑なことがほとんどです。私たちが成長の過程で得てきた信条は、私たちのさらなる成長を邪魔してしまうのです。そして、物事を知っていると高をくくれば、人に尋ねることがなくなります。「初心忘るべからず」という仏教の言葉は、私たちに、自分がどれほど無知であるかを思い出させてくれます。学びと新発見に導いてくれるのは、このような謙虚な態度です。

　人生の傍観者になることで、エゴが押しつける制限の外側に出て、新たな発見ができます。エゴをきれいに磨いてあげれば、エゴが自己中心的に突っ走ることはなく、魂、つまり真の自分に有益な機能を果たしてくれます。スワミ・ヴェーダは、「堤防を取り払うことで、川は巨大な海となる。恐れず、つまらないエゴを捨てて、美しいダイヤモンドを得るのだ」と言っています。傍観者になる能力を高めることでこれを達成できます。

傍観者の力

　孫のタイソンが幼児だった頃のある出来事をよく覚えています。両親が何かタイソンの意思に背くことを彼に指示すると、すぐにタイソンは第三者として、自分自身から距離を置いて、その指示に口答えするのです。彼の意思に一致することであれば、「僕は」と答えるのですが、意思に背くことを言われると「彼は」に変わるのです。例えば、タイソンの父親が寝る時間だと言えば、タイソンは「彼はまだ眠たくない」と答えるのです。そうして、自分から距離を置いた第三者の存在で答えたので、父親の指示に従わなくてよい、といったようにタイソンは遊び続けるのです。

　「僕は」、「彼は」と主語を置き換えるタイソンを見るのはかわいらしく、興味深いことでした。タイソンは、まだ幼児であったにも関わらず、自分自身と距離を置くことの有効性を理解していたのです。傍観者になることで、つまり自分自身と距離を置くことで、自分自身が作りあげた世界を認識し始めることができます。そして、信条が自分へ与える影響を減らせるようになります。

　私たちは、文化的習慣としていつも、自分自身や他人を操作したり分析したりしています。自分を観察したり、他人の話を聞いたりすると、やはりこれはまぎれもない事実だと思います。「これをどうにかすれば、大丈夫」、「弱点だとはわかっているけど、どうにかしようとしている」という発言をよく耳にします。私たちは、自分自身を操作することに執着し過ぎて、いつも自分の弱点に意識がいってしまうようです。

　西洋文化では、何でも分析し、操作し、コントロールしようとする傾向があります。自分自身や自分の生活に気に入らない点があれ

スワディヤーヤ（自我の探究）

ば、何がいけないのかを見つけて、修正しようとします。また、常に自分をコントロールし、物事が極力スムーズにいくよう（自分が思った通りに進むよう）仕向けます。弱点や難点を見つけて修正するという考えについて、東洋は西洋と異なります。東洋では、「傍観者になる」という考えがあります。

　傍観者になるということは、自分の行動や反応を傍（はた）から観るだけということです。自分の考えや感情の乱れを傍観することで、信条が作り上げる小世界についてのヒントを得ることができます。それは、自分自身について知り、自分が作り上げるストーリーを知ることです。傍観者になることは、エゴを操作せずに、ただその存在を認識することです。そうして、自分は、想像通りの存在ではなかったと気が付くことができます。傍観するという能力は、やがて生活に癒しをもたらします。

**傍観者になる
ということは、
自分の行動や反応を
傍（はた）から
観るだけということ。
傍観するという能力は、
やがて生活に
癒しをもたらす。**

　ヨガのウパニシャッドという聖典に、木にとまる２羽の小鳥の話が書かれています。１羽は、木から木へと飛び回り、もう１羽は同じ枝にとまり何かを眺めています。もし私たちが飛び回る方の小鳥であれば、私たちは自分の信条にしがみついているということです。もし私たちがじっとしている小鳥であれば、私たちは自分の信条について理解し始めているということです。自分の信条がどうやって作り上げられたのか理解し始めているのであれば、私たちは成長しているということです。そして、自分の条件付けを認識することが勝利へとつながります。自分は、想像通りの存在ではなかったと認識することが、真の自分へ近づく道を開いてくれます。

159

> 自分は、想像通りの
> 存在ではなかったと
> 認識することが、
> 真の自分へ
> 近づく道を開く

　ヨギラジ・アチャラは、息子をミシシッピ川に連れていったときの出来事について話しました。息子は、川を見て、この川は汚染されているか父に尋ねました。ヨギラジ・アチャラは、いいやと答えました。川は汚染を運んでいるだけで、川自体は純粋だと。私たちの思考もこの川のようなものです。思考が運ぶのは、考え、ストーリー、そして信条といったことですが、その運ばれているものが自分だと、私たちは誤解しがちです。思考に運ばれるものに注意を奪われることなく、自分の中の魂（純粋な川）こそが自分だと認識していれば、私たちは、考え、ストーリー、信条をただ運んでいるだけで、それと同一ではないとわかってきます。

　ウパニシャッドではまた、人間をポットに入った神様と例えています。この言葉を理解することが、「自我の探究」のゴールです。自分のことをポット（つまり自分の体や思考）だと思っているうちは、制限に苦しめられます。自分は、ポットではなく、中に入っている神様だと認識するようになれば、真の自分に落ち着くことができます。この神様はアートマンと呼ばれ、仏教における仏陀、キリスト教におけるキリストです。

　瞑想は「自我の探究」の大切な側面です。傍観する力を育て、信条を認識させ、自分の本質はポットではなく、中の神様だと教えてくれます。神聖な書物やインスピレーションを与えるような伝記を読むことも、真の自分に近づく訓練になります。好奇心や初心を持ち続け、自分が無知であることを忘れずにいることは、きれいに包まれた箱の外に出る手助けをしてくれます。自分の中の神様に意識を移すことで、信条の箱は崩れ、私たちは自由になることができます。

スワディヤーヤ（自我の探究）

探究のための問い

　以下の質問を自分に問いかけながら過ごし、自己観察の時間を作り、日記をつけることで、自我の探究をし、新たな発見をしましょう。これからの1ヶ月間、宗教学者ヒューストン・スミスのこの言葉を思いながら過ごしましょう。

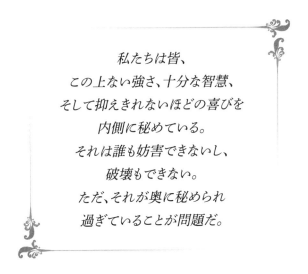

私たちは皆、
この上ない強さ、十分な智慧、
そして抑えきれないほどの喜びを
内側に秘めている。
それは誰も妨害できないし、
破壊もできない。
ただ、それが奥に秘められ
過ぎていることが問題だ。

1週目： 自分がいら立つ99％の理由は自分自身です。他人がいら立つ99％の理由はあなた以外です。今週は、このことを忘れて、自分の問題を他人のせいにしたり、他人の問題について自分を責めたりする自分の存在に気が付きましょう。自分で自分の責任を取り、他人に他人の責任を取ってもらう練習をしましょう。

2週目：今週は、他人に投影される自分の姿に気が付きましょう。許容したくない、または許容できない自分の姿が投影されます。それが意地汚さでも雄大さでも、他人が持つ特性が自分にもあるからこそ、気になるのです。自分自身の言動にしっかりと責任を持って過ごしましょう。

3週目：今週は、自分を囲んでいる箱について発見をしましょう。問題という荒波の一つひとつを、自分自身までたどっていきましょう。どのような信条がその問題を作り上げているのでしょうか。あなたの信条は正しいですか。あなたが体験していることは、そのままの事実でしょうか、それともあなたの箱でしょうか。「私たちは物事をあるようには見ないで、私たちがあるように物事を見ている」という作家アナイス・ニンの言葉を頭に置きながら、探究を行いましょう。

4週目：今週は、映画を観るときのように、自分の行動や考えをただ観ることで、傍観者としての力を高めましょう。「この上ない強さ、十分な智慧、そして抑えきれないほどの喜び」を自分の中に感じていきましょう。

1ヶ月を通して、ヒューストン・スミスの言葉をじっくり考え、自分が入っている箱を開けていきましょう。

最後の宝石［降伏］

イシュワラ・
パラニダーナ

ईश्वर प्रणिधान

神様と一緒に飛べると信じて、
全身で運命に飛び込む

〜 キャサリン・ラーセン

イシュワラ・パラニダーナ（降伏）

『ペテン師とサギ師／だまされてリビエラ』という映画で、2人の詐欺師は、自分たちの活動地域が被っていることに気が付きます。その裕福な地域で活動するのは1人の詐欺師で十分と決めた彼らは、あるお人よしな女性から、どちらが先に5万ドルを巻き上げられるか賭けをします。先に5万ドルを巻き上げることに成功した方が、その地域での「営業権」を得て、負けた方はその地域を去り、一生戻ってきてはいけません。詐欺師が互いにやり合うコミカルなシーンが続きますが、この映画の最後にはどんでん返しが待っています。騙されていたはずの女性が、両方の男性詐欺師から5万ドルずつを騙し取るのです。騙していたと思っていたのが逆に騙されていたと気が付くときの2人の男性の反応は、とても興味深いものがあります。1人の男性は、2歳児がかんしゃくを起こすように激怒します。もう1人は、静かにそしてゆっくりと笑みを浮かべ、5万ドルを手に逃げる女性の賢さに感服するかのように笑い出します。

このシーンから学ぶことがあります。この詐欺師たちのように、私たちは、報酬のために、どのくらいの頻度で自分を騙しているでしょうか。そして、それがうまくいかないと、かんしゃくを起こすでしょうか。つまり、思った通りにいかない「悪い一日」はどれだけよくあるか、考えてみてください。思った通りに物事が進まず、騙されたまたは被害を受けたという意識を持ち続けると、せっかくの新しい機会を見逃してしまいます。

イシュワラ・パラニダーナ、「降伏」という宝石は、ある偉大な力が私たちの生活を司っているという考えを前提としています。神様、神の恵み、神意、運命、どんな名であろうとも、その力は私たち

を上回り、私たちのことをいつも気にかけています。「降伏」は、人生に積極的に参加し、柔軟性を持ちながらその瞬間に生き、生きていることの神秘や偉大さに感謝の念を持つことを勧めています。この教えは最終的に、エゴを捨て、心を開き、崇高な目的のために生きることを私たちに勧めます。

人生の流れにのる、または、その瞬間にあるときに、「降伏」の宝石を感じたことがあるかもしれません。『バガー・ヴァンスの伝説』という映画で、「最高のスウィング」という台詞がでてきますが、まさにこのことです。夕日を観る、山をハイキングする、赤ん坊を抱く、または好きなことに熱中するとき、時間の感覚を失うことがあります。そのとき、あなたが取っていた行動や、頭の中にあった考えごとは、調和の取れた完全な状態になります。これが「降伏」の旋律です。自分を邪魔しなければ、いつでもこのように生きることができると、ヨガ修行者は言います。

> イシュワラ・パラニダーナ、「降伏」という宝石は、ある偉大な力が私たちの生活を司っているという考えを前提としている。最終的にこの教えは、エゴを捨て、心を開き、崇高な目的のために生きることを勧める。

運命は、私たちに驚きや喜びを与え、私たちが自分で想像する以上の人間へと成長することを期待しています。ジャン−ピエール・デ・コサード司祭は、一つひとつの出来事に隠れるチャンスについて理解していました。『ザ・サクラメント・オブ・ザ・プレゼント・モーメント (The Sacrament of the Present Moment)』という著書で、彼は「巨大で、確実で、手に届く幸運」をあらゆる瞬間で利用することについて書いています。また彼は、一つひとつの出来事には隠れた目的があり、それを信じることができれば、私たちは、想像

以上の人間に成長できると言っています。デ・コサード司祭の文章は、あらゆる行動や挑戦、割込み作業に隠れる神様を見つけて、それを信じる喜びについて述べています。

「降伏」のリズムや、デ・コサード司祭の文章にある喜びや信心は、どうやって見つければよいでしょうか。厳格さやコントロールを手放し、やってくる出来事をそのまま楽しみ、エゴを持たずに熱中することを楽しめれば、この宝石の恩恵を受けることができます。

手放す

ヨガのシャヴァアサナまたは屍のポーズは、降伏の練習をするポーズです。仰向けに寝て、手足を体側に対して45度に広げるこのポーズは、直前まで参加していた活動の終息を意味します。またこのポーズは、自分の「生」を手放す練習でもあります。シャヴァアサナの間、私たちは何もしません。ただそこに横たわって、体の緊張を解き、何もがんばりません。自分の呼吸が続き、体が回復することを信頼します。簡単に聞こえますが、難しいポーズです。シャヴァアサナの練習はとても重要です。なぜなら、このポーズが体、精神ともにがんばらずに完全に運命に降伏することの意味を教えてくれるからです。

運命に降伏すると、賢く生きられるようになります。逆に、何かをコントロールしようとする行為は、私たちを固くさせ、緊張させ、私たちの視野を狭くします。鎧を外すことで、体が軽くなり、新しい可能性への道を快適に歩くことができます。体の内側に起こる収縮と拡張の感覚に気が付くことで、人生へ降伏する瞬間を見つけることができます。収縮は、締め付けられるような、引っぱられるような感覚です。拡張は、広がる感覚で、スペースや驚嘆をつくりあげま

イシュワラ・パラニダーナ（降伏）

す。収縮しているときは、運命に抵抗している、または恐れを持っているときです。拡張しているときは、降伏し、人生の流れに任せているときです。

この収縮と拡張の考え方を説明するために、ヨガ講師ダグ・ケラーは、氷の塊を例として使います。人生を川の流れに例え、私たちをその川に流れる氷の塊に例えます。私たちは、川と同じ素質を持っていますが、私たちは恐怖に固まり、凍っています。私たちが練習すべきことは、自分たちを溶かし、川と融合し、人生の一部となることです。リラックスして、固まった思考や筋肉をほぐせば、人生の流れにのることができます。

孫のアシュレイが幼児だった頃、私はよく「気を付けなさい」と言っていました。無邪気な彼女は、その言葉を聞き間違い「気ままになる」といつも陽気に答えていました。私は、この返答をとてもかわいらしく思い、冗談っぽく、彼女の言葉をまねして繰り返していました。そして、あることに気が付いたのです。「気を付ける」という発言は、自分の中に緊張をつくり、恐怖心や厳格さをもたらします。一方、「気ままになる」という発言は、即座に拡張の感覚を与え、人生の冒険への扉を開きます。私は、その瞬間を信頼する準備ができていたに違いありません。

> 運命に
> 降伏すると、
> 賢く生きられる
> ようになる

つながる

ラフティングをやったことがある人は、激流の力強さを理解していることでしょう。激流に抵抗することは、勝負に負けることを意味しています。激流の力を利用して、ボートを安全に進めなければなり

167

ません。「降伏」を学ぶことは、ラフティングボートを激流の中で進める能力をつけることです。流れや岩の力を理解し、転覆や衝突を避けながらボートを進める自分の能力を把握しておかなければなりません。ラフティングと同じように、「降伏」は、その瞬間に与えられた要素をうまく利用することです。滑らかに進むときも、ひっくり返って濡れるときも、その過程を楽しむことが大切です。

多くの場合、私たちは、その瞬間に宣戦布告し、欲しいものを要求し、自分の思い通りに物事が進むよう闘います。それは、激流に自分の要望を突きつけているようなものです。このような態度は、ボートに、そして人生にも悲惨な結果を招きます。人生を理想に近づけようとすると、制限や窮屈さを自分に与え、人生の流れにのることはできません。ひとつ言えるのは、何度も激流を下る度に、ボートの扱いに上達できるということです。

「非暴力」という最初の教えのなかで、3歳のブルックスが自分の便を握る行為が彼自身だけでなく家族全体に影響を与えてしまう話をしましたが、この話には続きがあります。ブルックスは、新しい幼稚園に通うことになり、そこの保育士の1人とうまくいかず、その保育士のことを「意地悪」だと言いました。この状況をどうして良いかわからなかったブルックスは、彼が唯一知っていたこと、つまり便を握ることをしました。ブルックスが、置かれている状況に恐怖心を持っていることを理解した母親アンは、ブルックスがその恐怖心に打ち勝つことができるようにサポートしました。アンはブルックスの手を引いて、その保育士のところまで連れていき、ブルックスがその恐れる保育士と対面する間、彼のそばにずっと立っていました。この勇気のある対面の後、ブルックスは自由を得て、その保育士と友達となり、家庭は通常に戻りました。

上の話は、人生の局面で勇気を持った行動を取ることの影響力

イシュワラ・パラニダーナ（降伏）

について語っています。上の例では、起こっている状況が軽視されることなく、状況が無力に放置されることもありませんでした。アンは、ブルックスが恐ろしく困難な人生にそのまま立ち向かうことをサポートしました。そしてその過程で、ブルックスは人生に賢くなることができたのです。

　次のディートリッヒ・ボンヘッファーの話も、いまという瞬間に完全につながる例を表しています。ヒトラーが台頭していた頃、ボンヘッファーは、ルター派の牧師をしていました。当時、社会に起こっていた事実を無視する人が多かったなか、ボンヘッファーはその瞬間の現実を直視することを選びました。独裁政権が行う人種差別や残虐行為を目撃し、苦しみを救いたいという自らの心の叫びに降伏することにしたのです。断腸の思いで、彼はヒトラーの暗殺を計画するグループに参加しました。その計画は失敗し、ボンヘッファーは収容されました。そして、ドイツが解放される数時間前に、絞首刑となりました。収容中、彼が処刑を待つ間に書いた文章には、運命が私たちに突きつける苦しみ、そして求める誠実や勇気についての、素晴らしい洞察が書かれています。「降伏」は、消極的な行為ではありません。

　その瞬間とつながることは、ディートリッヒ・ボンヘッファーの場合、命を賭けたことでした。ブルックスの場合は、勇気を賭けたことでした。また、英国の奴隷貿易を廃止したウィリアム・ウィルバーフォースの場合、「降伏」は不屈の努力を意味しました。歴史上には、当時の困難や挑戦に「降伏」し、独創力と智慧を使って困難に立ち向かった偉人が数多くいます。偉人たちは、「降伏」することは、運命が用意した崇高な目的のために自分を捧げることだと理解していました。偉人たちは、最初から偉人だったわけではありません。あなたや私のように、普通の人間だったのです。人生が与

169

える挑戦の一つひとつに恐縮することなく、その瞬間に賢く立ち向かえるように自分を育てたのです。

受け入れる

　偉大さを探しにわざわざ出掛ける必要はありません。いまという瞬間に何を求められているか、注意を払えばよいのです。目の前のことがしっかり見えていれば、自分をどのように成長させるべきか、どちらの方向に進めばよいか、おのずと見えてきます。運命が私たちを必要としているとき、それは自分たちの前にやってきますが、注意して見ていなければなりません。また、それに対応する勇気を持っていなければなりません。運命とペアになって、ダンスを踊るようなものです。そのダンスをリードするわけではありませんが、ステップに遅れをとってはいけません。運命のダンスパートナーとして、私たちは無防備でありながら、次の動きに遅れないよう常に注意していなければなりません。そうして運命がリードする動きに、自分らしさを加えていくのです。

　運命は、何をすべきか私たちよりよく知っています。私たちはただ任せて、開かれた心であらゆる瞬間を受け止め、それとうまくダンスをすればよいのです。いままで学んだ9つの教えを実践していれば、私たちは、思いやりの心や、勇気、大胆さ、満足、そして自分自身を邪魔してしまうものについて理解しているはずです。ヤマ・ニヤマが私たちに求める考えや行動を極めていくことで、いまという瞬間にうまく対応できるようになります。

　スワミ・ラマは、「自分がやるべきことをやり、自分がやるべきではないことは、やらないでおきなさい」とよく言いました。単純に聞こえますが、この言葉は、「降伏」の真意を表しています。自分が

変えられない物事の主導権を手放すと、自分の良さを生かすことができます。また、主導権を手放すことは、人生にプラスに作用します。そして、自分がやるべきことをやることは、小さなことでも大きなことでも、人類全体への貢献となることでしょう。自分の運命を見つけ、それに降伏すれば、想像を超える自由と喜びを得ることができるでしょう。

> 「降伏」は、いまという瞬間にしっかりとつながる強さと、運命の流れにのる柔軟性を求める

　「降伏」の教義を表す絵画が東洋にあります。その絵では、あるヘビが力強く、バランスを取りながら地球を頭に載せ、同時に、とぐろを巻いて柔らかに座り、小ヘビたちを優しく見守っています。この絵画には、強さと優しさが同時に描かれています。「降伏」もこの２つの要素を私たちに求めています。いまという瞬間にしっかりとつながる強さを持ち、運命の流れにのる柔軟性を持つことが大切です。

献身

　ある友達が、彼女に影響を与えた鮮明な夢について話してくれました。その現実のように思えた夢では、ある女性が現れ、胸を張って荒々しく「よい一日を送るには、扉を開いて、神様を入れなさい」と言い放ちました。降伏の旋律を思い出しながら一日をスタートするのは、素晴らしいことです。

　最終的に「降伏」は、態度や行動を含めた、心からの献身を意味します。イシュワラ・パラニダーナの真意は、崇高な運命の目的のためにエゴを手放すということです。リチャード・ロア司祭は、「神様の王国を迎えて、自分の王国を送り出す祈り」と表現していま

> イシュワラ・パラニダーナ
> の真意は、崇高な運命の
> 目的のためにエゴを
> 手放すということ。
> 一番になろうとする
> エゴを止めれば、
> 人生は輝きはじめ、
> 素晴らしいプレゼントが
> もたらされる。

す。エゴを手放せば、心が広がり
ます。忙しく自己中心的になろう
とするエゴを止めれば、人生は本
来のリズムを見つけゆったりと動
きはじめます。一番になろうとす
るエゴを止めれば、人生は輝きはじ
め、素晴らしいプレゼントが私た
ちにもたらされます。

　この宝石が説く姿へ成長する
過程で、自分たちを導き、守り、輝
かせ、見守ってくれる偉大な存在があることを理解していくことで
しょう。私たちの上に偉大な存在があることを理解できれば、自分
の行動やその結果を、その偉大な存在に捧げることができるでしょ
う。「降伏」は、自分がこの偉大な存在の一部であることを知り、
それに自分を捧げるということです。自分を捧げることは、決して
自分を失うことではありません。

イシュワラ・パラニダーナ（降伏）

探究のための問い

　以下の質問を自分に問いかけながら過ごし、自己観察の時間を作り、日記をつけることで、降伏の練習をし、新たな発見をしましょう。これからの1ヶ月間、スワミ・チェタナーナンダのこの言葉を思いながら過ごしましょう。

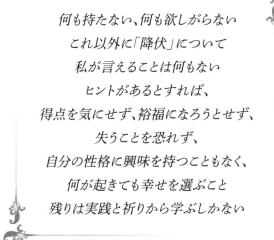

何も持たない、何も欲しがらない
これ以外に「降伏」について
私が言えることは何もない
ヒントがあるとすれば、
得点を気にせず、裕福になろうとせず、
失うことを恐れず、
自分の性格に興味を持つこともなく、
何が起きても幸せを選ぶこと
残りは実践と祈りから学ぶしかない

1週目：今週は、いまという瞬間に対する自分の態度や対応を観察しましょう。恐怖や、信頼、抵抗、批判、いら立ちといった感情がありますか。自分が取る態度に決まったパターンがあるか観察しましょう。

2週目：今週は、ある瞬間を自分の思う方向に操作しようとするときに自分の体に走る緊張を観察しましょう。意識的に体をリラックスして、その瞬間にただ興味を持ちましょう。どのような違いが起きるか観察してください。

3週目：今週は、あらゆる瞬間を受け入れ、その瞬間が求める人物に成長できるよう努力しましょう。恐縮してしまうときは、運命がより聡明な自分へ成長する機会を与えてくれていると信じましょう。「私はいつもできないことに挑戦している。それから学ぶことができるからだ」というパブロ・ピカソの言葉を頭に置きながら、この探究を進めましょう。人生が与える瞬間を賢く生きられるようになりましょう。

4週目：今週は、毎朝起きたら神様を迎え入れましょう。自分より偉大な存在があることを信じ、自分の行動、思考、感情がその存在と同調するようにしましょう。

1ヶ月を通して、スワミ・チェタナーナンダの言葉をじっくり考え、実践と祈りを通して「降伏」を学びましょう。

ニヤマのまとめ

　数年前、私は、自分の生き方を大きく変えてみました。幾つかの出来事が重なったことがきっかけで、私は、「どれだけ楽しく生きられるか」と自分に問うようになりました。この歳でも、年齢を重ねる度に活力や明瞭さを増し、楽しく生きられる気がしたのです。アメリカの一般的な「老い」の概念とは、逆行するようですが、これを実験してみる価値があると感じました。そして、楽しく生きるための食事、行動、思考を選ぶようになりました。

　ニヤマ、「観察」は、私たちに、新たな可能性を探究することを勧めます。どれだけイキイキと生きられるか。どれだけ楽しく生きられるか。それはやってみないとわかりません。楽しくイキイキと生きるための選択を毎日していくことです。そして、5つのニヤマは、その選択肢を示す教えです。

　正解や間違いはありません。より良い、悪いという概念もありません。ヤマのように、ニヤマは、私たちが進んでいる方向より良い方向があれば、それを教えてくれます。それは、自分の中に5つの種を植えて、育てるようなものです。その5つの種は、清浄、知足、自己鍛錬、自我の探究、そして降伏です。この種を育てるために私たちは次のことを行います：

- 体、思考、発言を浄化する
- 自分の人生と恋に落ちる
- 自己鍛錬と成長を自ら選ぶ
- 自分を知る
- 運命からの要求を見逃さない

種が果樹へと育ち果物をつけはじめる頃には、私たちは、しっかりと地中に根を下ろし、内側に調和と強さを湛えています。そして、呼吸をする度に喜びを感じることでしょう。ニヤマは、私たちに可能性の探究を勧め、導きます。

ソウチャ 清浄	体、思考、発言の浄化を勧める
サントーシャ 知足	自分の人生と恋に落ちることを勧める
タパス 自己鍛錬	自己鍛錬と成長を自ら選ぶことを勧める
スワディヤーヤ 自我の探究	自分を知ることを勧める
イシュワラ・パラニダーナ 降伏	運命からの要求に注意深く 耳を澄ますことを勧める

これから

　子どもの頃、自分は美しい馬だと想像するのが好きでした。どんな馬でもいいわけではありません。黒く輝き、俊足な馬です。そして、私という馬は、広大な野原を駆け回り、障害物があればそれを大きく飛び越える。

　私と馬との関係はこのような想像だけで終わりましたが、いまも馬が大好きです。馬はとても美しい動物だと思います。野原で互いに追いかけ回る力強さや優美さ、そして馬術競技場で披露する美しいジャンプには、いつも心を惹かれます。神学者ピーター・マーティは、馬術競技について面白い意見を言っています。「馬術競技を、テレビでしか見たことがない人が多いかもしれませんが、大きなジャンプを繰り返す獣の優美で落ち着いた姿には感嘆します。その姿は、超現実的にさえも思えます。そして、乗馬選手は本当によく落ち着いている。彼らの障害物を跳躍するときの集中力に感心します。自分が持っていない直観力を持っているんではないかと不思議に思わずにいられません。」

　マーティはさらに馬術競技の訓練について話を続けます。マーティによると、選手が直面する一番の課題は自分の認識力だそうで、選手は、認識力を高める訓練に時間をかけるそうです。馬術界では、乗り手が障害物を「自信を持って予測」できて初めて馬と一緒に飛び越えることができる、と言われているそうです。ピーターによると、あるトレーナーは、「まず、自分の気持ちに障害物を飛び越えさせて、その後ろをついて行けばいい」と言ったそうです。

　私たちは皆、完全な人間になることを目指して学び続けます。そのことを前提に、本書は制作されました。そして、自分自身を見て

も、周りを見ても、その学びはつきることがないようです。学びを深めていくと、気が付くことがあります。それは、人間には2極性があるということです。その2極性は電光灯のように光り、無視することはできません。私たちの心の中では、残虐さや欲望が思いやりの心を遠のけ、恐怖や疑惑が蔓延しています。ですが同時に、私たちは、深い思いやりや親切心を伴う行動を取ることができ、無限の可能性を秘めています。

　世界を見渡してみると、私たちは、自分が何者か迷い続けているようです。そして、その答えを一人ひとりが持っています。問うべき質問は、答えを見る準備ができているかどうかです。人間の肉体に入っている魂として、一番良い状態に成長する準備はできていますか。偉大な人間になれたときに過ごしたい日々や送りたい生活、それから属したい組織や地域社会を想像できていますか。その想像している環境を作り上げるために、自分の生活や技術を捧げられますか。自分の気持ちに障害物を飛び越えさせて、その後ろをついて行けるでしょうか。

　人間でいることは、最も困難であり、最も面白い冒険です。この人生という実験の中で、私たちは、アイスクリームや新鮮なイチゴを味わい、愛する人の腕の中に身を預け、子どもの無邪気な目に感嘆し、森の中や海岸を気持ちよく散歩することができます。悲しい出来事に涙し、苦悩を感じ、荒々しい怒りを感じることもできます。恐怖心から思いやりまで数多くの感情を持つなかで、私たちは、驚くくらい他人へ影響を与えることができます。また、苦しみや光をこの世界にもたらすことができます。その事実を把握し、その能力を賢く使わなければなりません。

　こう言われると、大きすぎる任務のように感じるかもしれませんが、アン・マクスウェルは、日々迫られる選択に注意すればよいと

言っています。彼女はこう書いています。「ヨガマットの上に座っているときは、親切心や思いやりの心を持ち、心を開き、朗らかであることは簡単です。マットの上では、深い愛情を持つことができます。そして、ヨガの練習を通して祈ることができます。問題は、マットを降りても愛を選べるかということです。真に愛が試されるのは、日々の生活のなかです。暗い夜道を歩いて車に戻るとき、心を開いていられるでしょうか。自分や他人からの批判にあっても、思いやりの心を持ち続けていられるでしょうか。正義を持ち続けていられるでしょうか。遅れて走っているとき、自分を愛し呼吸を乱さないでいられるでしょうか。愛する人がトラブルに巻き込まれたとき、その人を信じ続けられるでしょうか。家事がたまっているとき、親切でいられますか。割り込み作業に快く応えられますか。こういったときに愛を選べるか、それとも恐怖に落ちるかが、私たちに突きつけられる最大の挑戦で、とても大切な選択です。」

　日々の生活を満たし、人類として成長するために、私たちも、ジャンプに備える乗馬選手のように、自分の認識力を高める必要があるのかもしれません。「自信を持って予測」することが役立つかもしれません。大小のジャンプができると信じて、「自分の気持ちに障害物を飛び越えさせて、その後ろをついて行く」必要があるのかもしれません。

　ヤマ・ニヤマは、自分の認識力を把握し、「自信を持って予測」する能力を高める手助けをします。そうして様々な問題に立ち向かい、個人や人類としての喜びを得ることができます。10の宝石の力があなたに届きますように。そして、人生という実験を通して成長するあなたに、それぞれの宝石が役立ちますように。

付録

練習の報酬

　あるとき突然、新しいアイディアが登場し、様々な場所にいる人がそれに影響される現象は、いつも不思議だと思います。それは、人類が一晩で成長し、自分自身を理解する準備が急にできたかのようです。次の言葉は、様々な本に流用され、車のバンパー用のステッカーにもなっているので、きっと真実に違いありません。ジャクリーン・スモールの、当時流行となった言葉です。

> *私たちは、*
> *霊的存在になろうとしている人間ではない。*
> *私たちは、*
> *人間になろうとしている霊的存在だ。*

　天国の方ばかりに注目するのではなく、地球に生きる自分たちに注目するという点において、この言葉は核心をついています。ですが、まだ疑問が残ります。自分の体、場所、そして時間という制約があるなかで、私たちはどう生きればよいのでしょうか。私たちは、どうやって互いに協力して、資源を共有できるでしょうか。どうすれば、人間としての可能性を最大限に活かし、生活のなかで様々なチャンスを生みだし、それを楽しみ、可能な限り喜びを持てるでしょ

うか。どうやって賢く生きられるでしょうか。

　ヤマ・ニヤマの教えを実践していくと、自己中心的な考えから、完全な人間として力一杯生きるという考えに少しずつ変化していきます。

ヤマの実践に熟達すると、それぞれ
次の特性を得ることができるでしょう。

　非暴力 ── 自分や他人を守る平和的雰囲気

　不嘘 ── 全ての発言が真実になる

　不盗 ── 豊富さ

　不過度 ── 生命力

　不貪 ── 体験から得る知識

ニヤマの実践に熟達すると、それぞれ
次の特性を得ることができるでしょう。

　清浄 ── 明瞭さ

　知足 ── 喜び

　自己鍛錬 ── 洗練

　自我の探究 ── 自由

　降伏 ── 調和

著者：**デボラ・アデル**（Deborah Adele）

教養学と神・宗教学の修士号を取得。ヨガ指導者の資格であるERYT500をはじめ、クンダリーニ・ヨガ、ハタヨガ、ヨガセラピー、そして瞑想の資格も取得。ゲシュタルト療法とソマティック指導者としての訓練も受け、ビジネスとヨガ哲学の知識を組み合わせて設立したヨガ・ノースは、彼女が14年以上率いているヨガ・センターで、現在も人々が集う場として発展し続けている。現在デボラは、執筆、指導、コンサルティング活動を行い、自己の練習に日々精進している。『The Duluth News Tribune』に定期健康コラムを持ち、『The Art of Relaxation』と『The Practice of Meditation』という2枚のCDを制作している。

著者：**デボラ・アデル**（Deborah Adele）　p.183参照

訳者：**中澤 甘菜**（なかざわ かんな）

2003年ロバートモリス大学卒業。大手電機メーカーの社内翻訳者を経て、フリーランスに。大学在学中にヨガを始め、2013年に全米ヨガアライアンスのインストラクター資格RYT200を取得。Ree Yoga 指導者養成講座修了、アーユルヴェーダ 40時間認定を取得。現在は、愛知県春日井市を中心にヨガ講師／翻訳者／ライターとして活動。

QRコードよりアクセスし、
ぜひ「あなたの声」をお聞かせください。
ご登録いただくと、イベントなど最新情報を
いち早くお届けいたします。

The Yamas & Niyamas
つかんだバナナを手放せますか？
今よりもっと生きやすくなる10の道しるべ

ヤマ・ニヤマ

発　　　行　2023年 6月10日
発 行 者　吉田　初音
発 行 所　株式会社 **ガイアブックス**
　　　　　〒107-0052 東京都港区赤坂 1-1 細川ビル 2F
　　　　　TEL.03（3585）2214　FAX.03（3585）1090
　　　　　https://www.gaiajapan.co.jp
印 刷 所　日本ハイコム株式会社

Copyright GAIABOOKS INC. JAPAN2023
ISBN978-4-86654-074-0 C0098

※本書は2016年7月10日発刊の『ヤマ・ニヤマ ヨガの10の教え』の新装版です。

落丁本・乱丁本はお取り替えいたします。
本書は細部まで著作権が保護されています。著作権法の定める範囲を超えた本書の利用は、出版社の同意がない限り、禁止されており違法です。特に、複写、翻訳、マイクロフィルム化、電子機器によるデータの取込み・加工などが該当します。